海上絲綢之路基本文獻叢書

安南來威圖册（上）

〔明〕梁天錫 輯

文物出版社

圖書在版編目（CIP）數據

安南來威圖册．上 /（明）梁天錫輯．-- 北京 : 文物出版社，2022.7
（海上絲綢之路基本文獻叢書）
ISBN 978-7-5010-7595-9

Ⅰ．①安… Ⅱ．①梁… Ⅲ．①中越關係－史料－明代 Ⅳ．① D829.333

中國版本圖書館 CIP 數據核字（2022）第 096999 號

海上絲綢之路基本文獻叢書

安南來威圖册（上）

輯　　者：〔明〕梁天錫
策　　劃：盛世博閱（北京）文化有限責任公司

封面設計：鞏榮彪
責任編輯：劉永海
責任印製：張　麗

出版發行：文物出版社
社　　址：北京市東城區東直門内北小街 2 號樓
郵　　編：100007
網　　址：http://www.wenwu.com
經　　銷：新華書店
印　　刷：北京旺都印務有限公司
開　　本：787mm×1092mm　1/16
印　　張：15.375
版　　次：2022 年 7 月第 1 版
印　　次：2022 年 7 月第 1 次印刷
書　　號：ISBN 978-7-5010-7595-9
定　　價：98.00 圓

總緒

海上絲綢之路，一般意義上是指從秦漢至鴉片戰争前中國與世界進行政治、經濟、文化交流的海上通道，主要分爲經由黄海、東海的海路最終抵達日本列島及朝鮮半島的東海航綫和以徐聞、合浦、廣州、泉州爲起點通往東南亞及印度洋地區的南海航綫。

在中國古代文獻中，最早、最詳細記載『海上絲綢之路』航綫的是東漢班固的《漢書·地理志》，詳細記載了西漢黄門譯長率領應募者入海『齎黄金雜繒而往』之事，書中所出現的地理記載與東南亞地區相關，并與實際的地理狀况基本相符。

東漢後，中國進入魏晉南北朝長達三百多年的分裂割據時期，絲路上的交往也走向低谷。這一時期的絲路交往，以法顯的西行最爲著名。法顯作爲從陸路西行到印度，再由海路回國的第一人，根據親身經歷所寫的《佛國記》（又稱《法顯傳》）一書，詳細介紹了古代中亞和印度、巴基斯坦、斯里蘭卡等地的歷史及風土人情，是瞭解和研究海陸絲綢之路的珍貴歷史資料。

隨着隋唐的統一，中國經濟重心的南移，中國與西方交通以海路爲主，海上絲綢之路進入大發展時期。廣州成爲唐朝最大的海外貿易中心，朝廷設立市舶司，專門管理海外貿易。唐代著名的地理學家賈耽（七三〇～八〇五年）的《皇華四達記》記載了從廣州通往阿拉伯地區的海上交通『廣州通夷道』，詳述了從廣州港出發，經越南、馬來半島、蘇門答臘半島至印度、錫蘭，直至波斯灣沿岸各國的航綫及沿途地區的方位、名稱、島礁、山川、民俗等。譯經大師義净西行求法，將沿途見聞寫成著作《大唐西域求法高僧傳》，詳細記載了海上絲綢之路的發展變化，是我們瞭解絲綢之路不可多得的第一手資料。

宋代的造船技術和航海技術顯著提高，指南針廣泛應用於航海，中國商船的遠航能力大大提升。北宋徐兢的《宣和奉使高麗圖經》詳細記述了船舶製造、海洋地理和往來航綫，是研究宋代海外交通史、中朝友好關係史、中朝經濟文化交流史的重要文獻。南宋趙汝適《諸蕃志》記載，南海有五十三個國家和地區與南宋通商貿易，形成了通往日本、高麗、東南亞、印度、波斯、阿拉伯等地的『海上絲綢之路』。宋代爲了加强商貿往來，於北宋神宗元豐三年（一〇八〇年）頒佈了中國歷史上第一部海洋貿易管理條例《廣州市舶條法》，并稱爲宋代貿易管理的制度範本。

元朝在經濟上採用重商主義政策，鼓勵海外貿易，中國與歐洲的聯繫與交往非常頻繁，其中馬可・波羅、伊本・白圖泰等歐洲旅行家來到中國，留下了大量的旅行記，記録元代海上絲綢之路的盛况。元代的汪大淵兩次出海，撰寫出《島夷志略》一書，記録了二百多個國名和地名，其中不少首次見於中國著録，涉及的地理範圍東至菲律賓群島，西至非洲。這些都反映了元朝時中西經濟文化交流的豐富内容。

明、清政府先後多次實施海禁政策，海上絲綢之路的貿易逐漸衰落。但是從明永樂三年至明宣德八年的二十八年裏，鄭和率船隊七下西洋，先後到達的國家多達三十多個，在進行經貿交流的同時，也極大地促進了中外文化的交流，這些都詳見於《西洋蕃國志》《星槎勝覽》《瀛涯勝覽》等典籍中。

關於海上絲綢之路的文獻記述，除上述官員、學者、求法或傳教高僧以及旅行者的著作外，自《漢書》之後，歷代正史大都列有《地理志》《四夷傳》《西域傳》《外國傳》《蠻夷傳》《屬國傳》等篇章，加上唐宋以來衆多的典制類文獻、地方史志文獻，集中反映了歷代王朝對於周邊部族、政權以及西方世界的認識，都是關於海上絲綢之路的原始史料性文獻。

海上絲綢之路概念的形成，經歷了一個演變的過程。十九世紀七十年代德國地理學家費迪南·馮·李希霍芬（Ferdinad Von Richthofen，一八三三～一九〇五），在其《中國：親身旅行和研究成果》第三卷中首次把輸出中國絲綢的東西陸路稱爲『絲綢之路』。有『歐洲漢學泰斗』之稱的法國漢學家沙畹（Édouard Chavannes，一八六五～一九一八），在其一九〇三年著作的《西突厥史料》中提出『絲路有海陸兩道』，蘊涵了海上絲綢之路最初提法。迄今發現最早正式提出『海上絲綢之路』一詞的是日本考古學家三杉隆敏，他在一九六七年出版《中國瓷器之旅：探索海上的絲綢之路》中首次使用『海上絲綢之路』一詞；一九七九年三杉隆敏又出版了《海上絲綢之路》一書，其立意和出發點局限在東西方之間的陶瓷貿易與交流史。

二十世紀八十年代以來，在海外交通史研究中，『海上絲綢之路』一詞逐漸成爲中外學術界廣泛接受的概念。根據姚楠等人研究，饒宗頤先生是華人中最早提出『海上絲綢之路』的人，他的《海道之絲路與昆侖舶》正式提出『海上絲路』的稱謂。選堂先生評價海上絲綢之路是外交、貿易和文化交流作用的通道。此後，大陸學者馮蔚然在一九七八年編寫的《航運史話》中，使用『海上絲綢之路』一詞，這是迄今學界查到的中國大陸最早使用『海上絲綢之路』的人，更多地限於航海活動領域的考察。一九八〇年北京大學陳炎教授提出『海上絲綢之路』研究，并於一九八一年發表《略論海上絲綢之路》一文。他對海上絲綢之路的理解超越以往，且帶有濃厚的愛國主義思想。陳炎教授之後，從事研究海上絲綢之路的學者越來越多，尤其沿海港口城市向聯合國申請海上絲綢之路非物質文化遺産活動，將海上絲綢之路研究推向新高潮。另外，國家把建設『絲綢之路經濟帶』和『二十一世紀海上絲綢之路』作爲對外發展方針，將這一學術課題提升爲國家願景的高度，使海上絲綢之路形成超越學術進入政經層面的熱潮。

與海上絲綢之路學的萬千氣象相對應，海上絲綢之路文獻的整理工作仍顯滯後，遠遠跟不上突飛猛進的研究進展。二〇一八年厦門大學、中山大學等單位聯合發起『海上絲綢之路文獻集成』專案，尚在醖釀當中。我們不揣淺陋，深入調查，廣泛搜集，將有關海上絲綢之路的原始史料文獻和研究文獻，分爲風俗物産、雜史筆記、海防海事、典章檔案等六個類别，彙編成《海上絲綢之路歷史文化叢書》，於二〇二〇年影印出版。此輯面市以來，深受各大圖書館及相關研究者好評。爲讓更多的讀者親近古籍文獻，我們遴選出前編中的菁華，彙編成《海上絲綢之路基本文獻叢書》，以單行本影印出版，以饗讀者，以期爲讀者展現出一幅幅中外經濟文化交流的精美畫卷，爲海上絲綢之路的研究提供歷史借鑒，爲『二十一世紀海上絲綢之路』倡議構想的實踐做好歷史的詮釋和注脚，從而達到『以史爲鑒』『古爲今用』的目的。

凡例

一、本編注重史料的珍稀性，從《海上絲綢之路歷史文化叢書》中遴選出菁華，擬出版百册單行本。

二、本編所選之文獻，其編纂的年代下限至一九四九年。

三、本編排序無嚴格定式，所選之文獻篇幅以二百餘頁爲宜，以便讀者閱讀使用。

四、本編所選文獻，每種前皆注明版本、著者。

五、本編文獻皆爲影印，原始文本掃描之後經過修復處理，仍存原式，少數文獻由於原始底本欠佳，略有模糊之處，不影響閱讀使用。

六、本編原始底本非一時一地之出版物，原書裝幀、開本多有不同，本書彙編之後，統一爲十六開右翻本。

目録

安南來威圖册（上）

序至輯略上卷　〔明〕梁天錫　輯　明隆慶刻本……………………一

安南來威圖册（上）

安南來威圖册（上）

序至辑略上卷

〔明〕梁天錫　輯

明隆慶刻本

安南来威圖册序

賜進士福建按察司僉事奉　勑整飭兵備前江西道御史晚生凌琯書

天下之理、其温然而不忍傷者仁也、其毅然而不可辱者勇也、一於仁則將與天下相安於煦育之區、而不知有勇、一於勇則將剸制摧陷天地為之震泪而不知有仁、惟其出之有本施之有時兼體而不累、則深於其道者也、白石江公

知建寧曰為政尚悃愊先教化威惠並
行大得民和
召拜户部刻釐害蔓差監鳳陽度支葦錢
米布花准差折派積弊踈蠲災青迄滿
軍民擁留至不得代及安南弗率公自
郎署方逮給由陞知太平府盖當事持
論所推也維時少保東塘毛公授鉞專
征調滇粵兵數十萬嘽嘽啍啍分哨而

入公謂遠夷羈縻宜先之文告安南稔
公德求識公面懷疑逗遛前兹八年之
調集幾皆瓦解元戎群公羽檄交徵遝
拜公節出關虜分實以公為孤注也酋
長莫登庸乃起聽命奉
朔歸侵補方稍藩向之桀抗而一朝唯
唯泥首面縛詣軍門降驛聞
制詔貰其罪改授都統使給印奉貢于兵

不試而南荒底定公以身約束甚四年而機鈐撫綏屹與受降俱築華夷賴之賜陞止于一級賞不酬勳逾時循資始有雲南按察司副使曲靖等處兵備之命遽卒論者惜之白石公之子太學生原泉君孫鄉進士儀卿君取郡博馮子孟令梁子嘗為公標校來威圖暨建寧風陽太平舊所嘗為圖合為一册凡士民

之拔留、戍衛之讋服、轅門之委任、土夷之信順、一一胪列、一一標目、一一展卷而以政得民、以威服衆、以望獲上、以畧震遠、諸所籍甚罔不畢具、如行溱洧之郊而聽輿人之頌也。如過河南之墟而談長孺之政也。如坐烏蠻之庭而殺都護之績也。猗歟盛哉。夫其綏儲平糴、勸農化俗、撫卒恤飢、布信止殺、非其溫然不

忍傷者乎、夫其禁暴披奸戢豪洗穢、正
辭寢兵、免胄突壘、非其毅然不可奪者
乎。淵乎其中。蔚乎其外。觸之而頽乎其
順。蹶之而濳乎其往。於仁於勇兼體而
不累。所以成一世之爲功而儼千載之
芳祠也。昔吾夫子宰中都。位司寇。攝相
事。却萊夷若溫然而有不可辱也。若墮
然而有不忍傷也。性之者也。白石公誦

法孔子而又天資自然諸所建置穉然
可觀其淵源可知矣天祖父有善美
子孫弗為傳之是不孝也傳之而不以
當時之迹是不核也徒以其迹而不得
其至仁大勇交相為用之心是不明也
白石公以仁且勇討安生人而原泉君
儀卿君復以孝且核且明之道事其先
人一圖而五善萃焉可以公之天下後

世也已

隆慶辛未春二月之吉

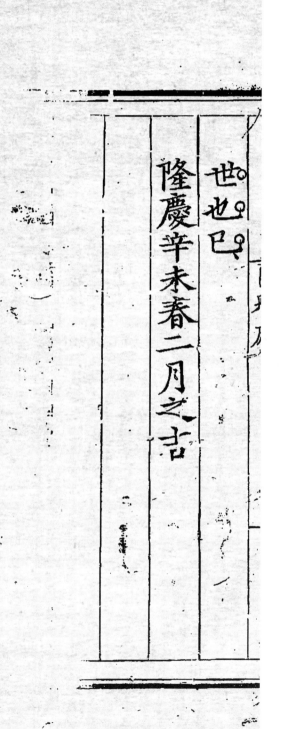

安南来威圖冊

太平府儒學教授馮時暘標題
南寧府武緣知縣梁天錫詮次

目録

上卷

羽檄交馳
星軺就道
按視屬邑
驅逐長營
貔貅駭矚

龍憶受成

单騎奉辭

言重詛盟

因壘歌凱

定平報成

中卷

開壁受降

覃恩頒賞

太平飲至

築輝銅柱

典納方物

撫綏鄰疆

中外專祠

修攘底績

南征奏捷賦并序一

粤惟

晉進在滇南廣左允八道至廣右則分左右中為三哨自太平城抵鎮南關屬中哨受降於此繇特幕府恭上八圖曰

天威丕振曰交夷組繫曰釋縛乞降曰稽

首祈　恩曰夷使輸誠曰夷酋咸服曰
着士陳辭曰夷民感德合而觀之此可
槩見嗟夫萬乘之國不信其盟而獨信
夫由之一言者果何人哉觀其起止則
斯人之為功可識矣

下卷

灉水悠思
王約齋序一　薛華軒辭并引一
文建志祠儀祭文閱文
留都遺愛
馬西玄序一

北濠流澤

鄭四明序一

南國棠陰

陳豹谷序一

麗江循政

政見齋序

士流生祀

榜瑯詠卷八

粵若灘水若留都若北濠南邕于安南

何居夫外攘本於內修尚矣然內治之

修豈一朝夕故耶於是裒跡諸所繪圖以附焉嗟夫此非今日平定奏膚之所由成哉

白石先生像贊

史氏書圖貌公之器自其勸農化俗發儲平糶撫卒恤饑布信止殺若温然而有不忍置也自其禁暴披奸戢豪洗穢正辭寢兵免冑突壘若毅然而有不可貳也淵乎其中蔚乎其外觸之而頹乎其順疏之而浩乎其往則又若油然有挹生平而儼芳懿也於乎書不盡言圖不盡意千羽

虞階千載共識

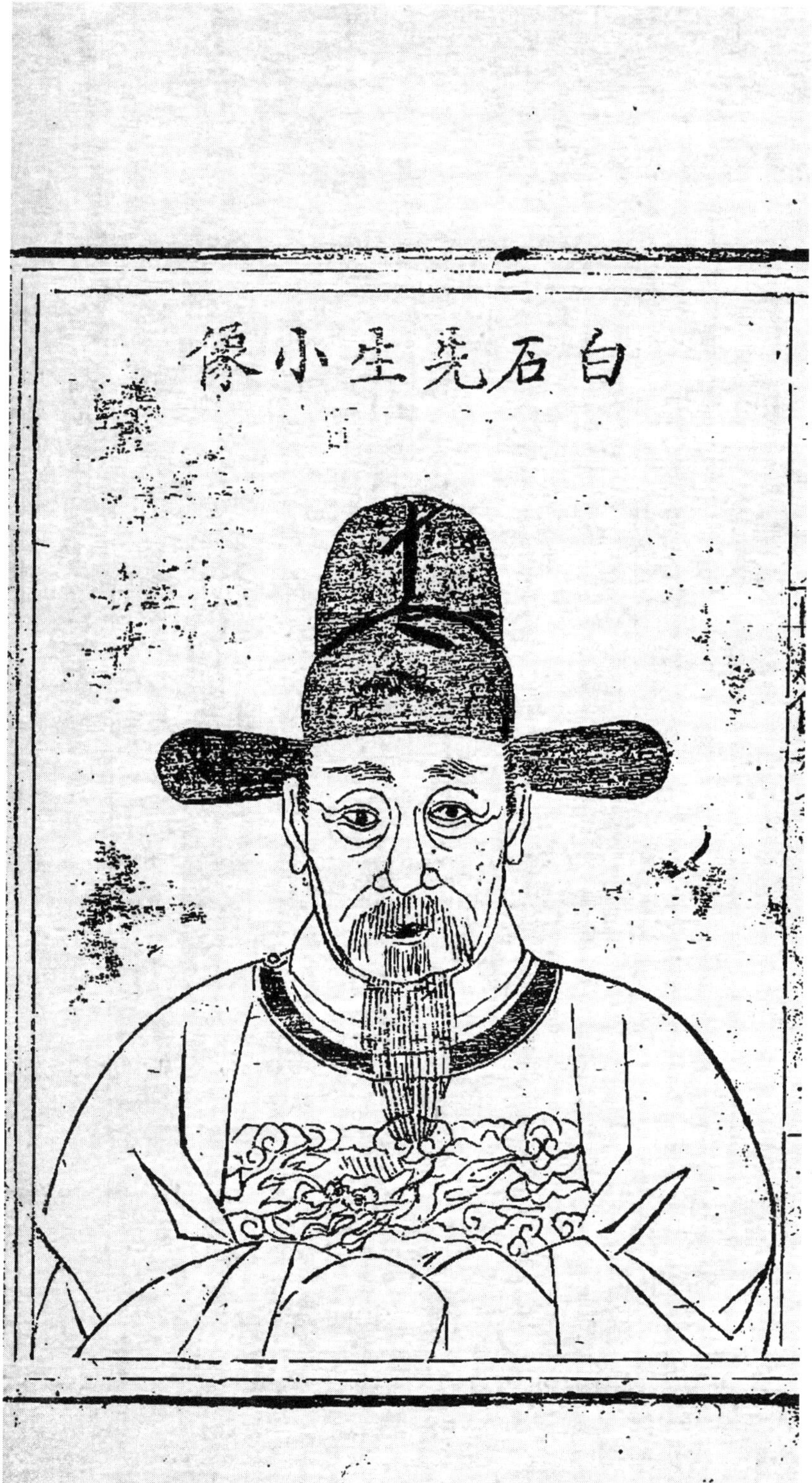
白石先生小像

勑雲南按察司副使江一桂

雲南曲靖府當四川湖廣之交為襟喉要害重地雖設有軍衛有司官員但民夷雜處不相統攝盜賊竊發卒難遥制是以道路多阻地方不寧況又災變重大人民憂惶今特命爾前去專一整飭曲靖尋甸馬龍木密霑益等處兵備其附近貴州普安四川東川地方並聽管攝常在本府住劄不時往來巡歷操練軍馬脩濬城池問理詞訟禁革奸弊提督所管官軍民快把截關隘勦捕盜賊凡可以

安靜邊方惠利軍民者聽爾量宜處置事有
應與各該守巡官計議停當而行仍
聽本處鎮守巡撫官節制各該官員有怠惰
貪酷不職者輕則量情懲治重則奏聞區處
爾為憲臣受茲委任尤須持廉秉公悉心幹
濟務使軍民得所地方無虞斯為稱職如或
因循怠忽責有所歸爾其慎之慎之故勅

廣運

嘉靖二十四年閏五月十五日

之寶

安南來威圖册上卷

羽檄交徵

前此莫氏謀于軍門曰登庸輕身詣境謁
天使江太德翁之推誠率物也今乂居蠻瘴
一見罔得庸即旋駕退居善地矣軍門得
此倉皇轉謀有曰登庸慕公而来知亦已
乂但恐自褻威重故難其請今事急矣借
重逮繇以成大事　代之瞻仰也盖事解
則兵交矣羽檄交徵著功成所由始云

壺關

太平府

演武場

宰府

星軺就道

星軺就道云者維時軍門止庸之使夫覆主帥潛蹤於蒭草士卒待命於須臾公一叓檄攝衣而起曰自委質而身非我有矣誠効消埃詎敢自愛故午夜而聞命午夜而輒行星軺就道著事臨捷赴之弗避

按視屬邑

按視屬邑云者思明府乃太平提調之郡況村則太平轄州也是時狼土官民諸道兵以及旗領將校莫不箕張翼舒羅布森列以屬望徯蘇於此而思明況村則尤加切焉故耳

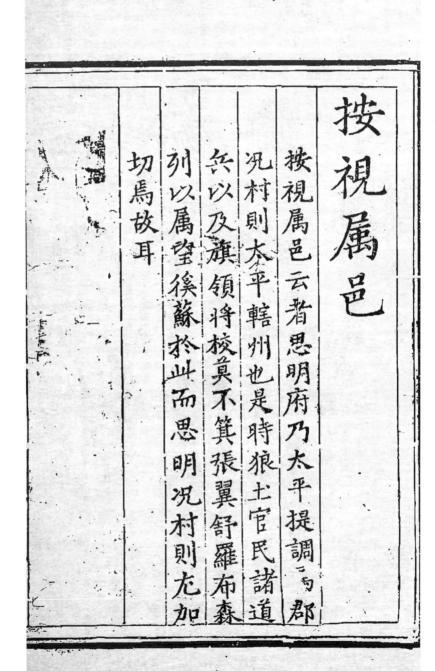

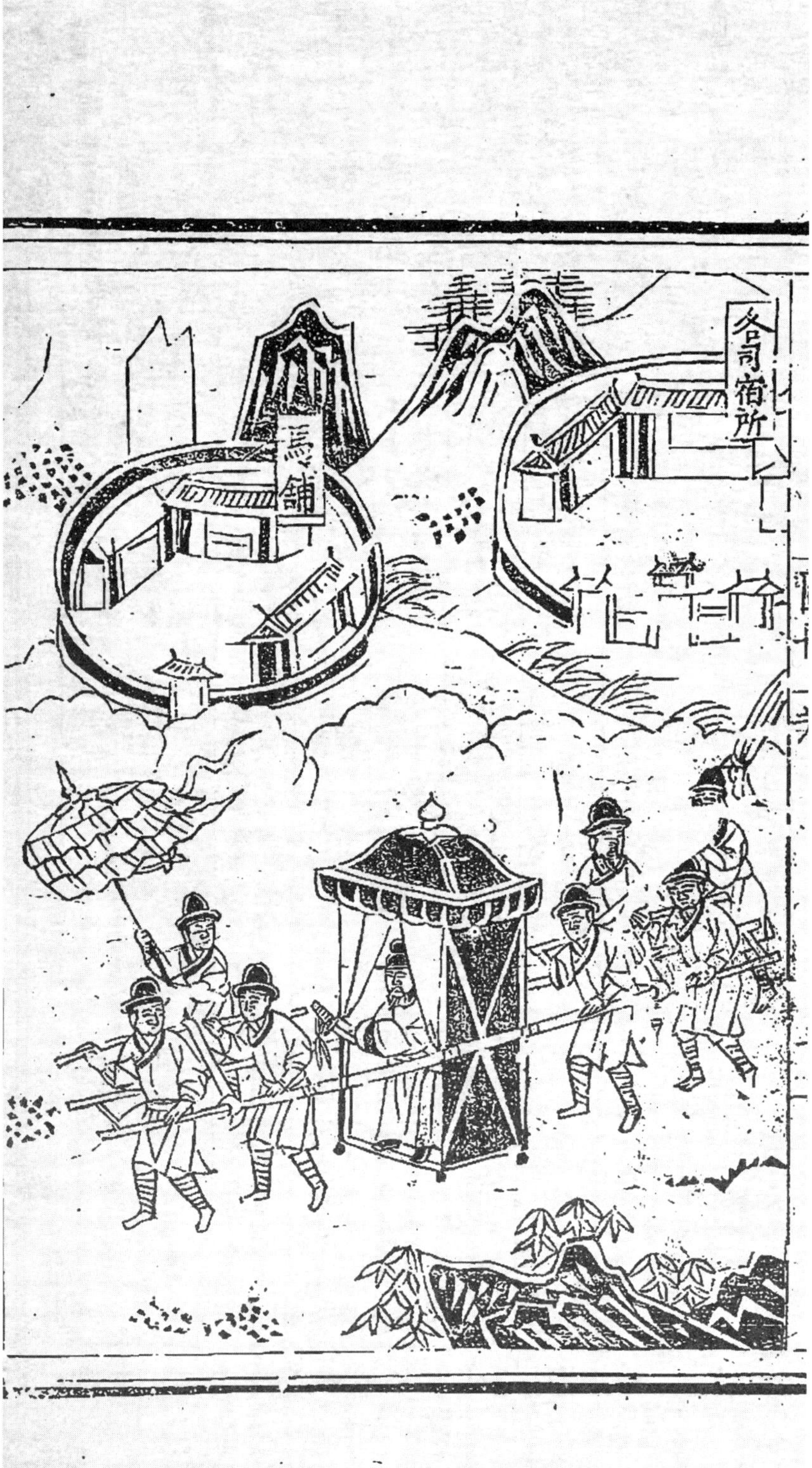
馬舖
各司宿所

思明府

況村州

驅逐長營

自郡治詣關蝟矛箕張虎賁翼舒延亘八周洽連數百里莫不開壁加額歡呼載道而先聲達於交人者則已先一晝夜矣顧瞻周道此豈一蹴可云故曰驅逐長營

思明營

龍英營

遷隆營
萬承營

太平營
江州營
都司營
念營

思陵營
象軍營
白馬營
羅陽營

播苗營
白馬舖

上心溢
安

憑祥州
崑舖

思明營
龍州營

貔貅駭矚

駭矚者何維時旌旗所至行隊未見未聞者在衙宫将領則曰江守作何狀貌在首慕則曰生我之天在此争相搴帷争相揭盖聚而觀之此當廟筭未籌使命未將身屬六軍安危有如此

水口舖

龍幰受成

軍門前與貢不共於莫氏者十事而莫氏不可者有四至是軍門勢恐瓦解而唯以公之戲見為孤注耳公不知仍欲商之而當事者則惟黃幄之設輿服之備大庵異數之加而已則惟曰萬代瞻仰在此一舉而已至於奉朔歸侵貢方稱藩質子組繫昔之宗抗　一朝惟命則惟心口自相謀焉下竭蔡　上欽安戚遜故曰龍幰受成

聖旨
監軍鄭宗古
中軍翁萬達
叅賛毛伯温

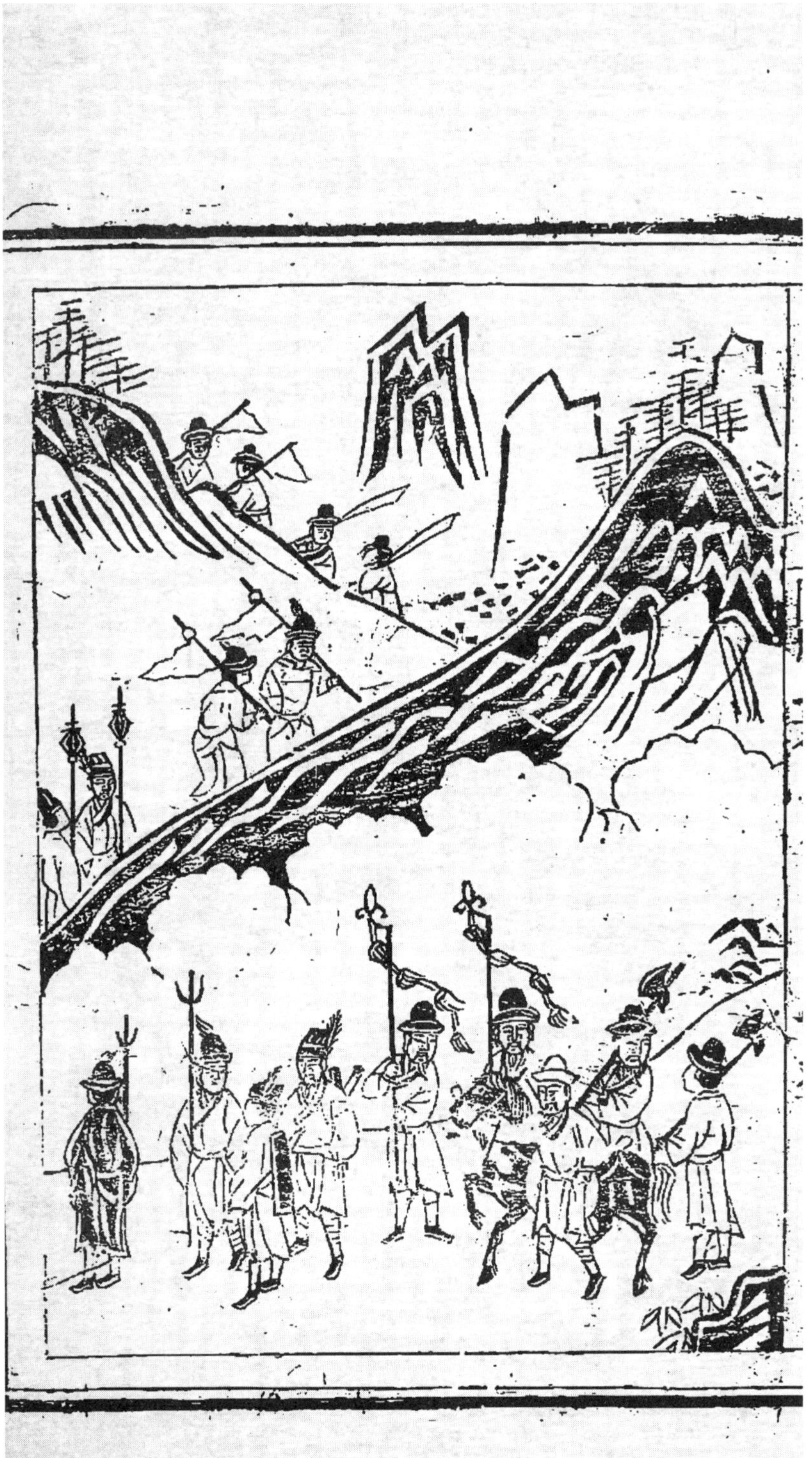

鎮南關

單騎奉辭

奉

朔歸侵貢方稱藩遣子入質組繫待罪此皆

朝廷之所責成者在是

軍門之所報命者在是至是 公盖以一身

任之故曰單騎奉辭

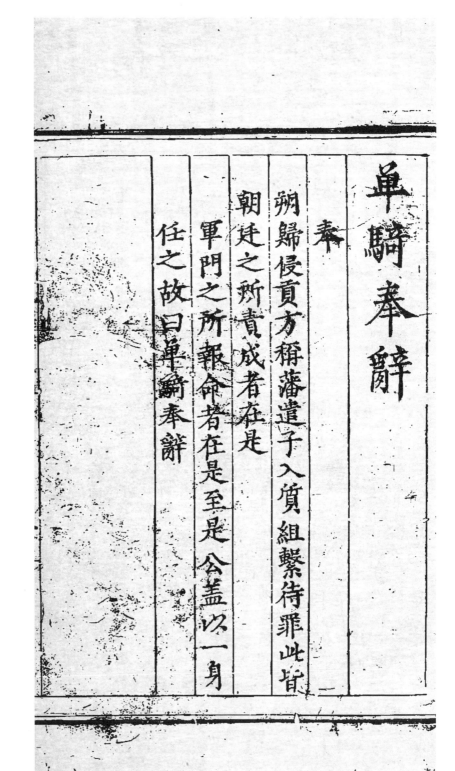

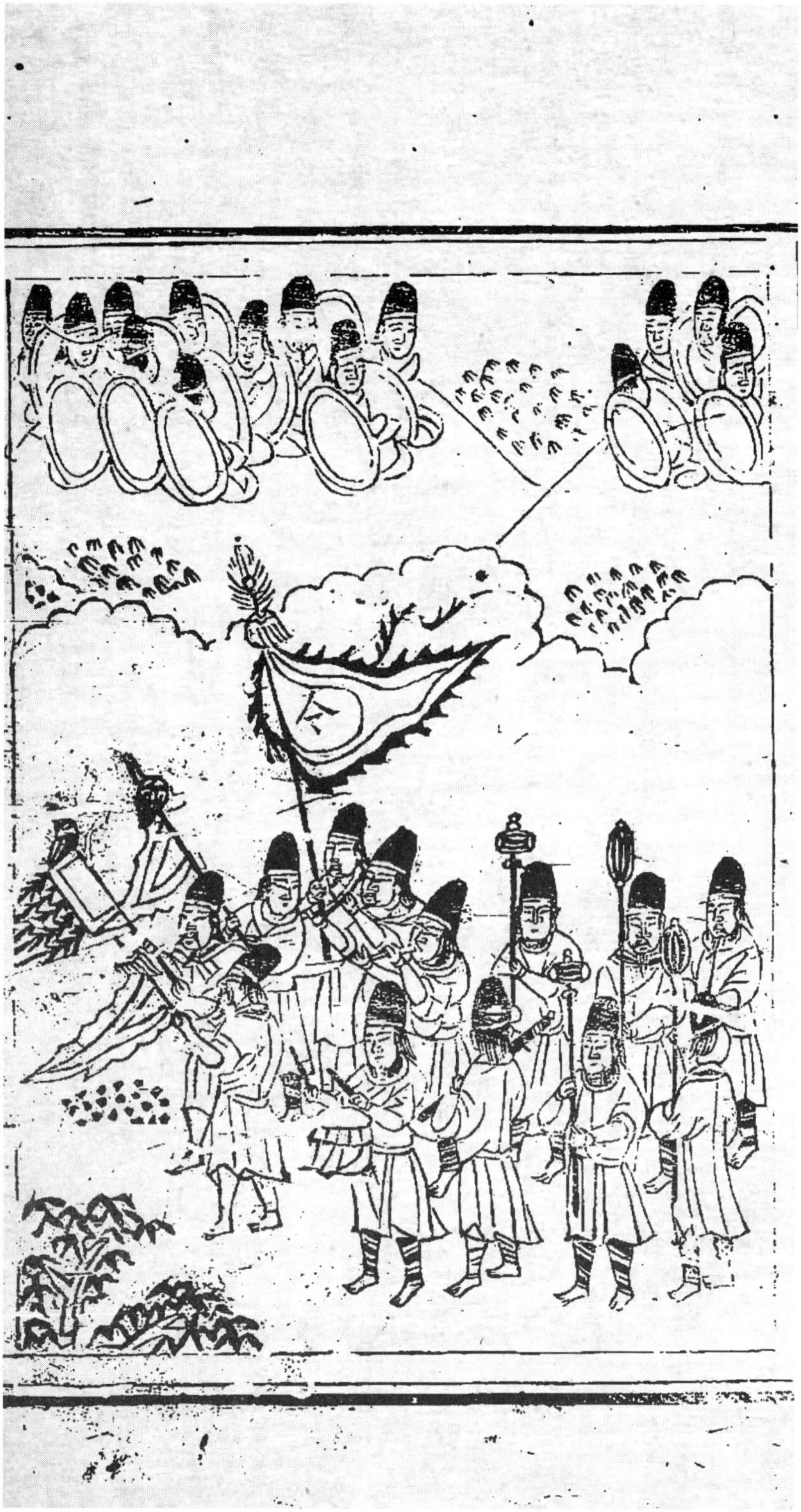

言重詛盟

昔夾谷之會齊師非不衆且强也而無不
偪好夷不干盟曾不數語郤萊夷歸鄆讙
大義凛凛季路匹夫也邾射國君也講信
修睦事何大焉而曰使季路要我吾無盟
矣此其故何哉則今弭調集百僚之贊襄
大慶八年之擾於一晃一言之間何以異是
故曰言重詛盟

僞王莫登庸
譯使
酋目圖像

因壘歌凱

夷鬧之騷
大慶八年麇調集百萬而交人方且言言肆
今一舉行成豈
朝廷威力有以制其死命𢧐抑亦裴晉公所
謂處置得宜者臨又有以服其心也故曰
因壘歌凱

萬代
瞻仰

定平報成

定平者何曰遣子入質也曰組繫請降也曰奉朔歸侵貢方稱藩也皆嚮之八年迄用成功而今一朝則唯惟吾命于機鈐酌發之下故曰定平報成

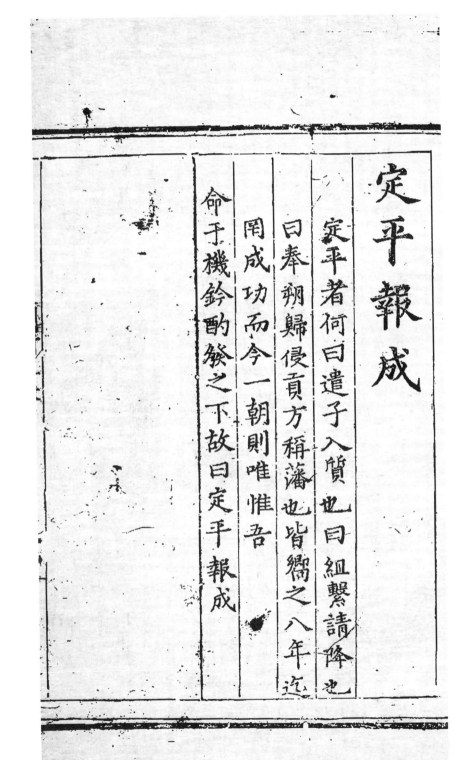

聖旨

駘革上青

太平飲至

出車況瘁振旅懽騰厥有自矣矧茲式闢
經營告
成迄于南海則時靡有爭孰尚埶然群工將
役而　安圖及特開局其左右為公專設
然者虎頭金牌頸項銀獅以示寵異又不
一而足豈嘗　將餉儲未歸而公道猶存未
泯耶

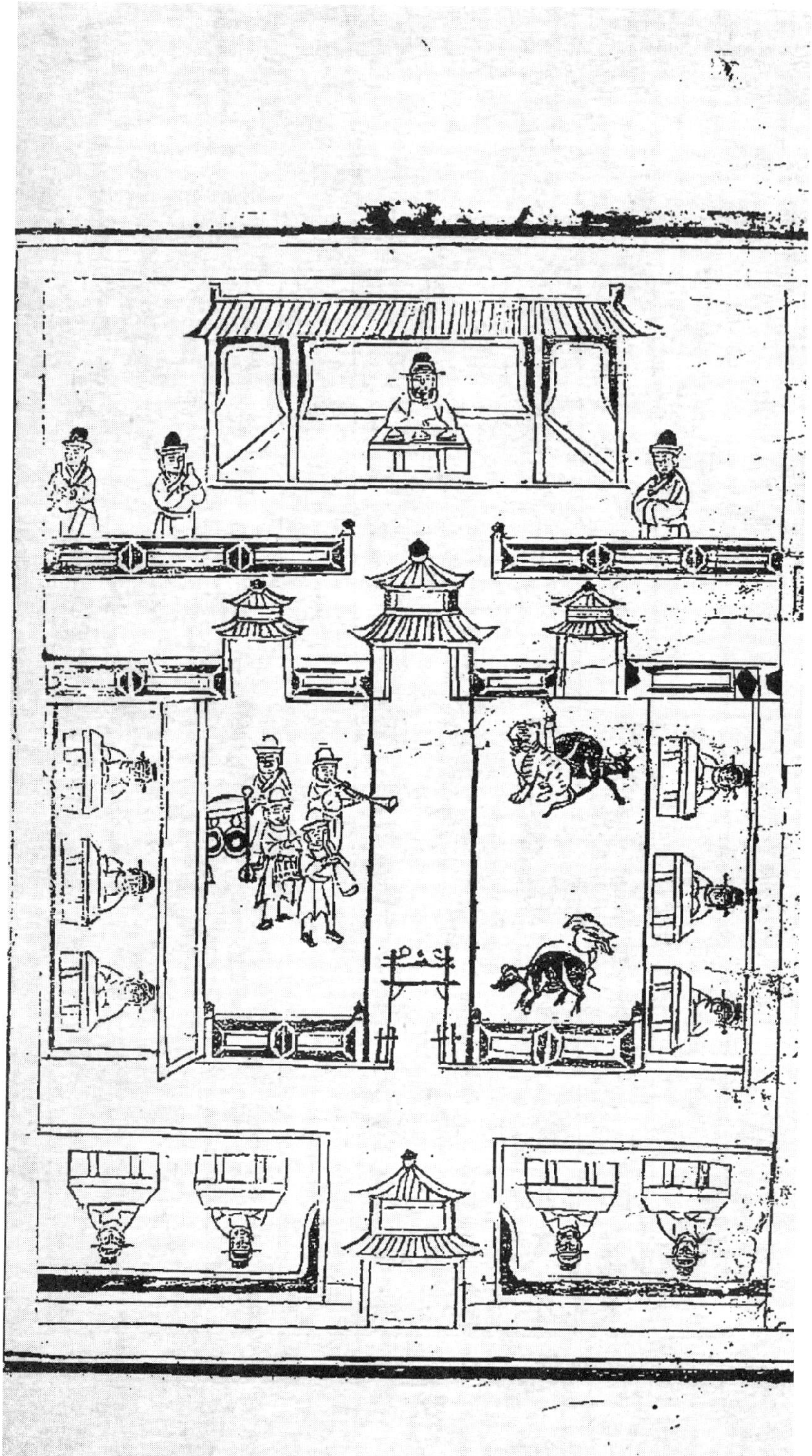

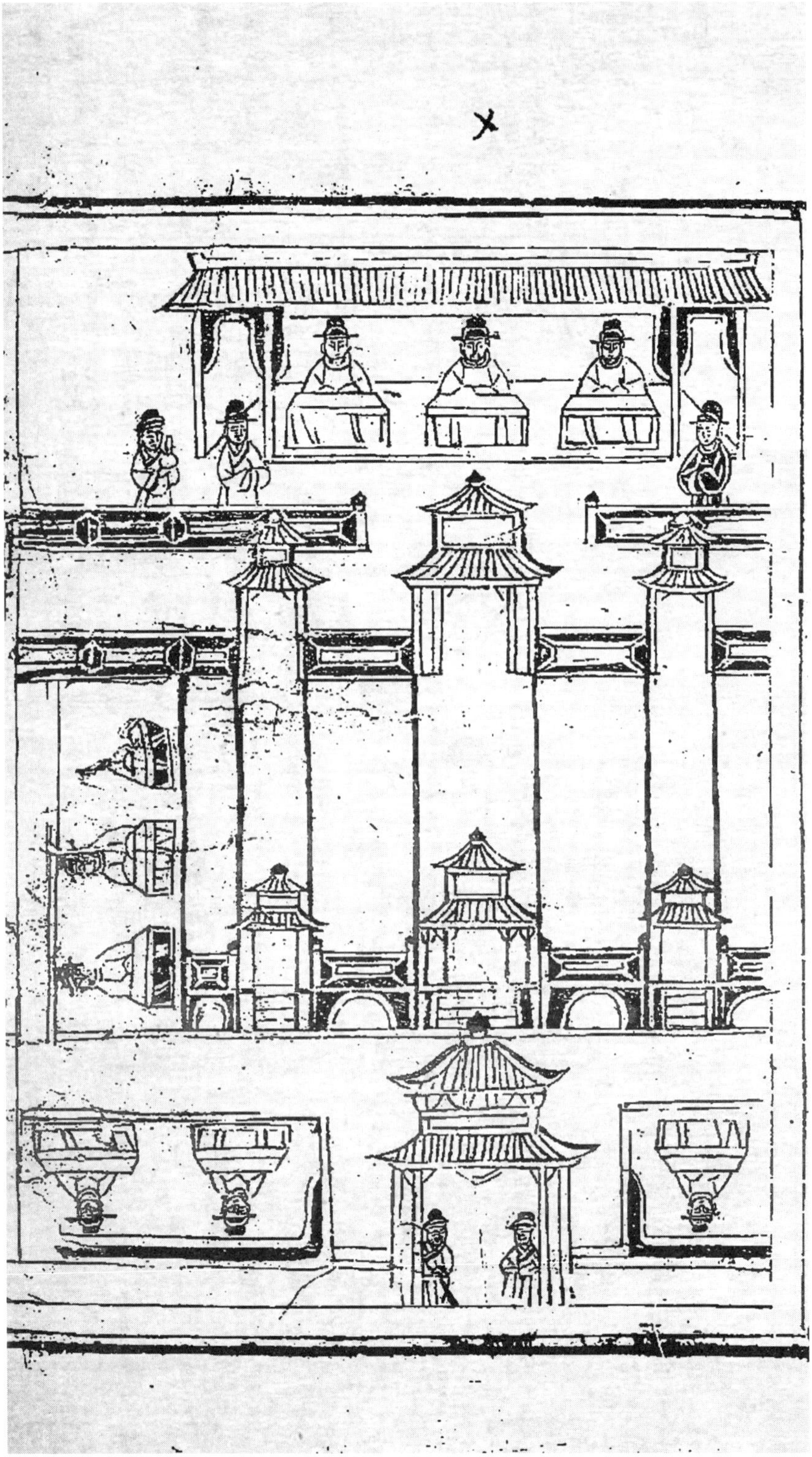

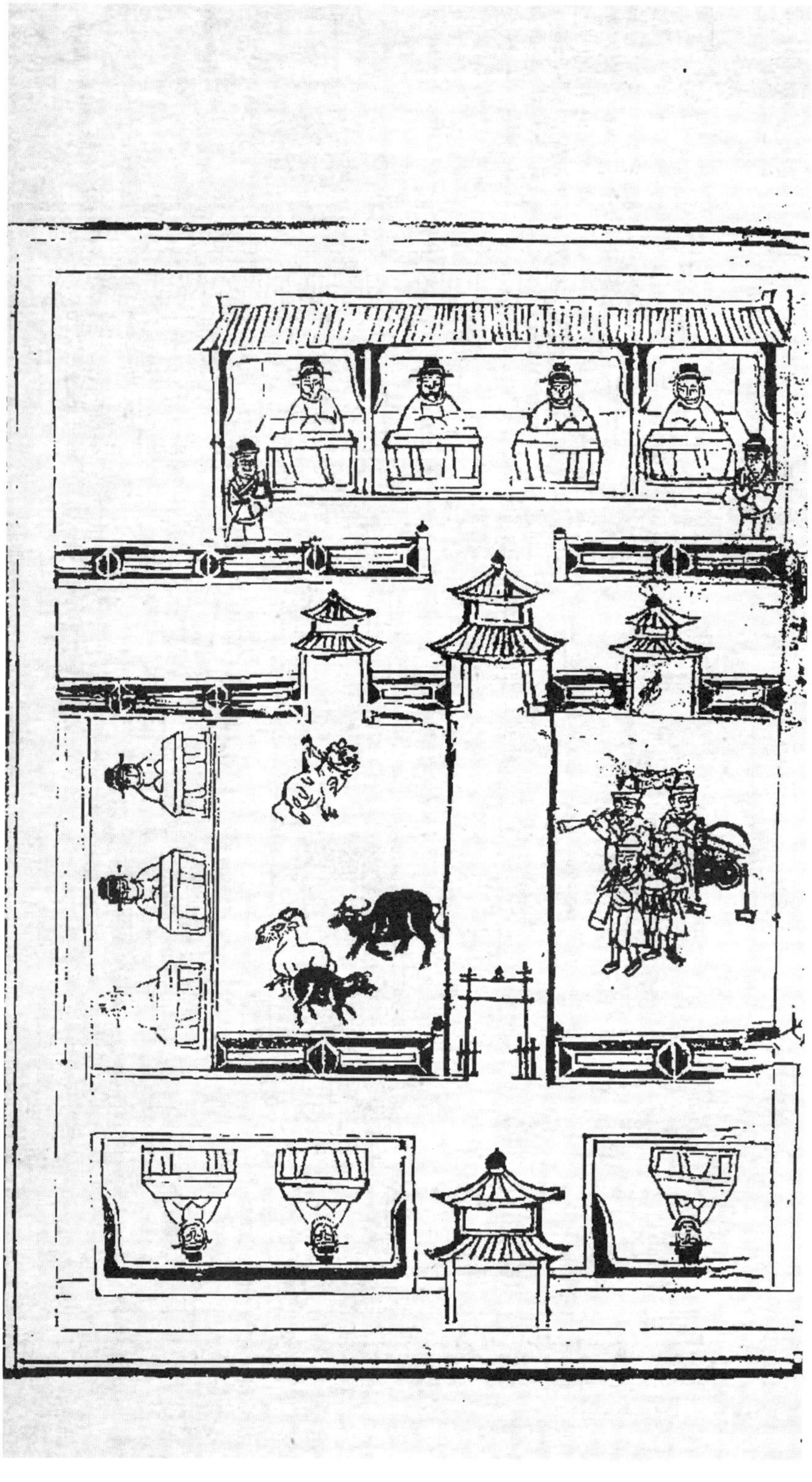

8

築輝銅柱

若稽漢立銅柱猶在粵左欽州而今城于壺江憑祥則遠出不啻二千里許載稽分茅一岡萬古以伏波為功者不過能外之而已若今降築則是使之世修職貢而以歲事來辟焉者殆又有以内之也故曰築輝銅柱

附録

斯臺斯城巍樹勳名乃文乃武昭德萬齡　天錫恭題

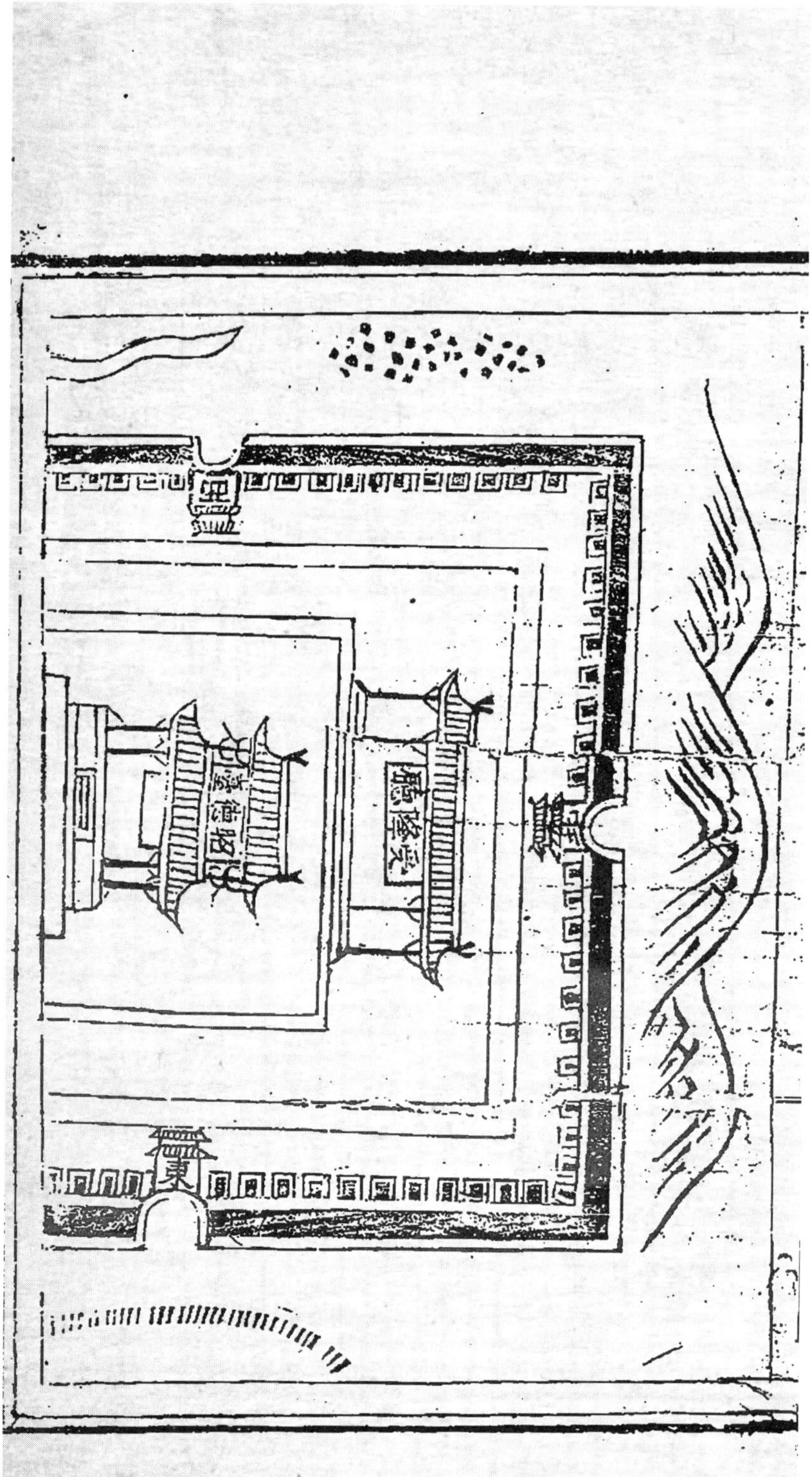
東

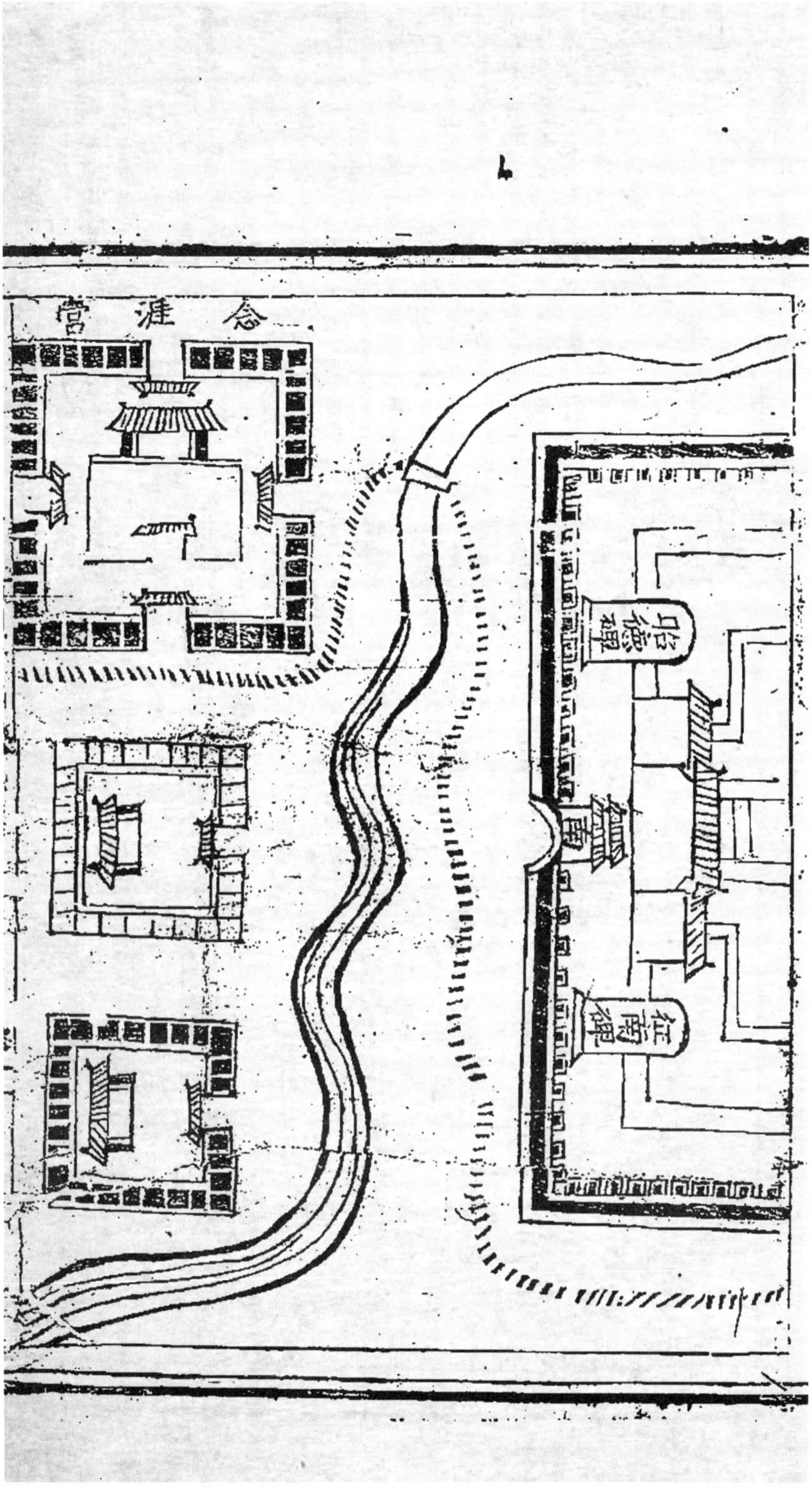
念涯營
昭德碑
南
征南碑

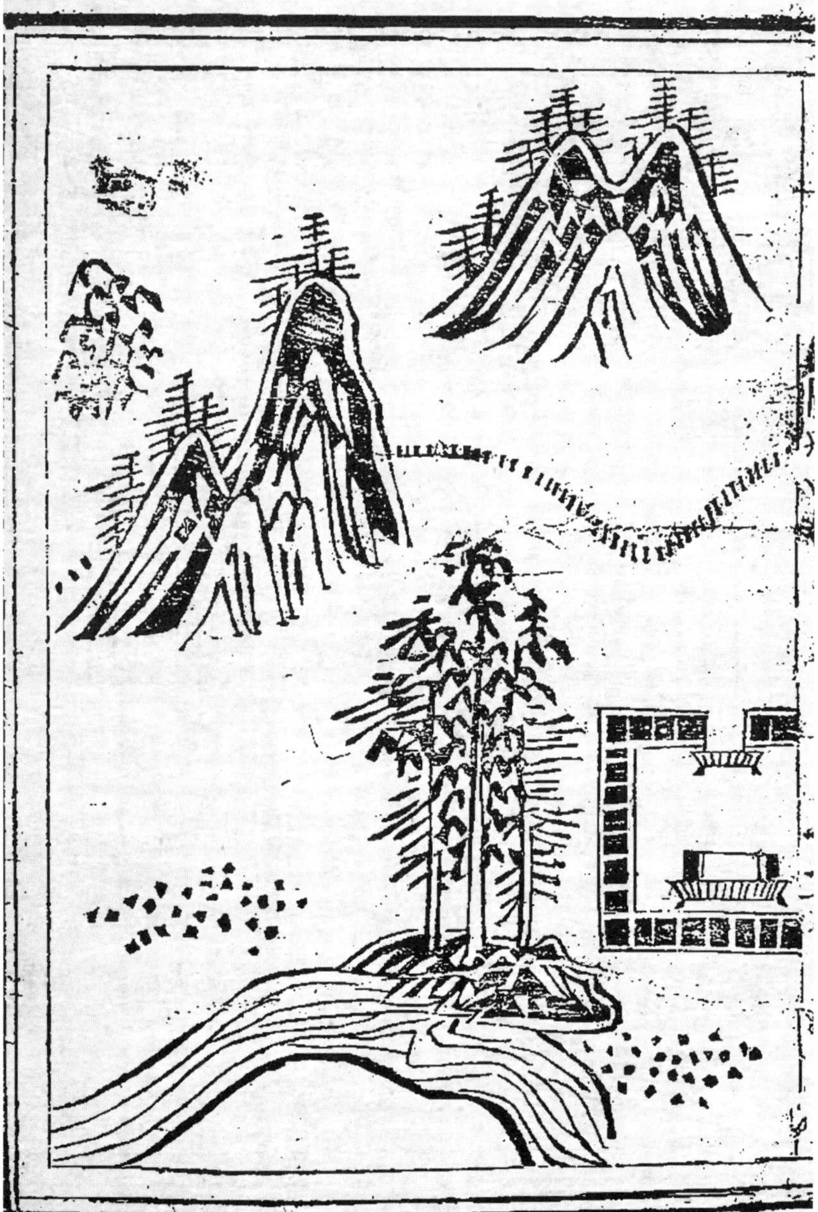

典納方物

嘗聞公之典納方物也雖一銖一縷不容假借私附乎嘗奉檄查盤貨公府庫所貯夷使私帶試錄時義亦必架閣不少貸何也公曰穿鑿經旨破碎文體苟不嚴之益易

朝廷取材之制詎

廟謨可窺矣觀嚴夷使于其歸而嚴乎其來可知也噫夫一典納而公之防微杜漸何至孰

一進

御前

金香爐花瓶四副九重見輯畧

金龜一個

銀鶴銀臺各一件

銀爐瓶二副

銀盆十二口

沉香六十斤

速香一百四十斤

白木香五十件

降真香三十根
白玊紬二百疋
黑線香八十炷
漆扇三百把
薰衣香貳百三十兩
盛薰衣香銀罐六個
犀角二十座
一進
皇太子
金龜金鶴各一件

銀鶴銀臺各一件

銀爐瓶二副

銀盆四口

黑線香一千株

白苎綌五十疋

一進

皇后

金龜金鶴各一件

銀鶴銀臺各一件

銀爐瓶二副

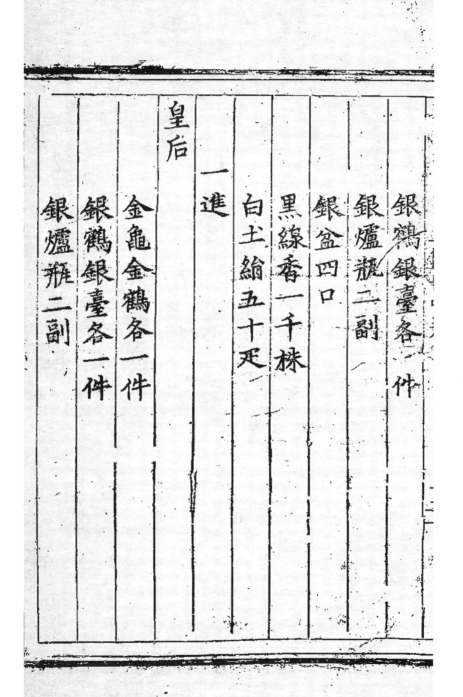

銀盆四口

黑線香一千株

白土綃五十疋

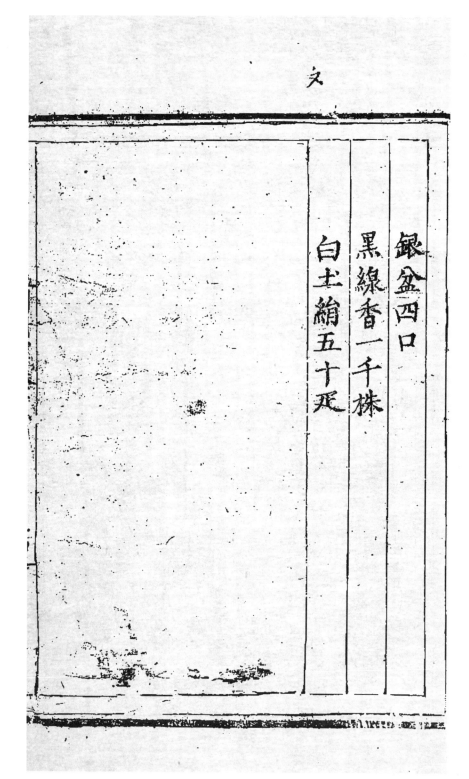

十
昭德臺

撫綏歸疆

夫四峒疆土淪沒夷服迺今復我卧榻公殆不辭涉歷而撫綏適至盖歡一體而加之衽席也噫勞来還定安集亦何至哉

斯凜峒
土地撫綏圖
二庄峒

古森峒
今古杉峒先
国王黎氏改

三

阿葛峒
今河洲往先
国王黎氏改

金勒洞
今金勒洞
黎氏

間居二座洞
一安良庄
一羅浮峒

-18

中外尊祠

中外異地也中外尊祠不謀而同有異地而無異心也曷致哉人昔有言七世之廟可以觀德萬夫之長可以觀政又有言在彼無惡在此無射夫廟以觀德仁也長而祀之環夷夏俎豆尸祝若恐後焉則合彼此而無不仁也於乎祠廟所以本仁吾觀於斯益信

關
鎮南關

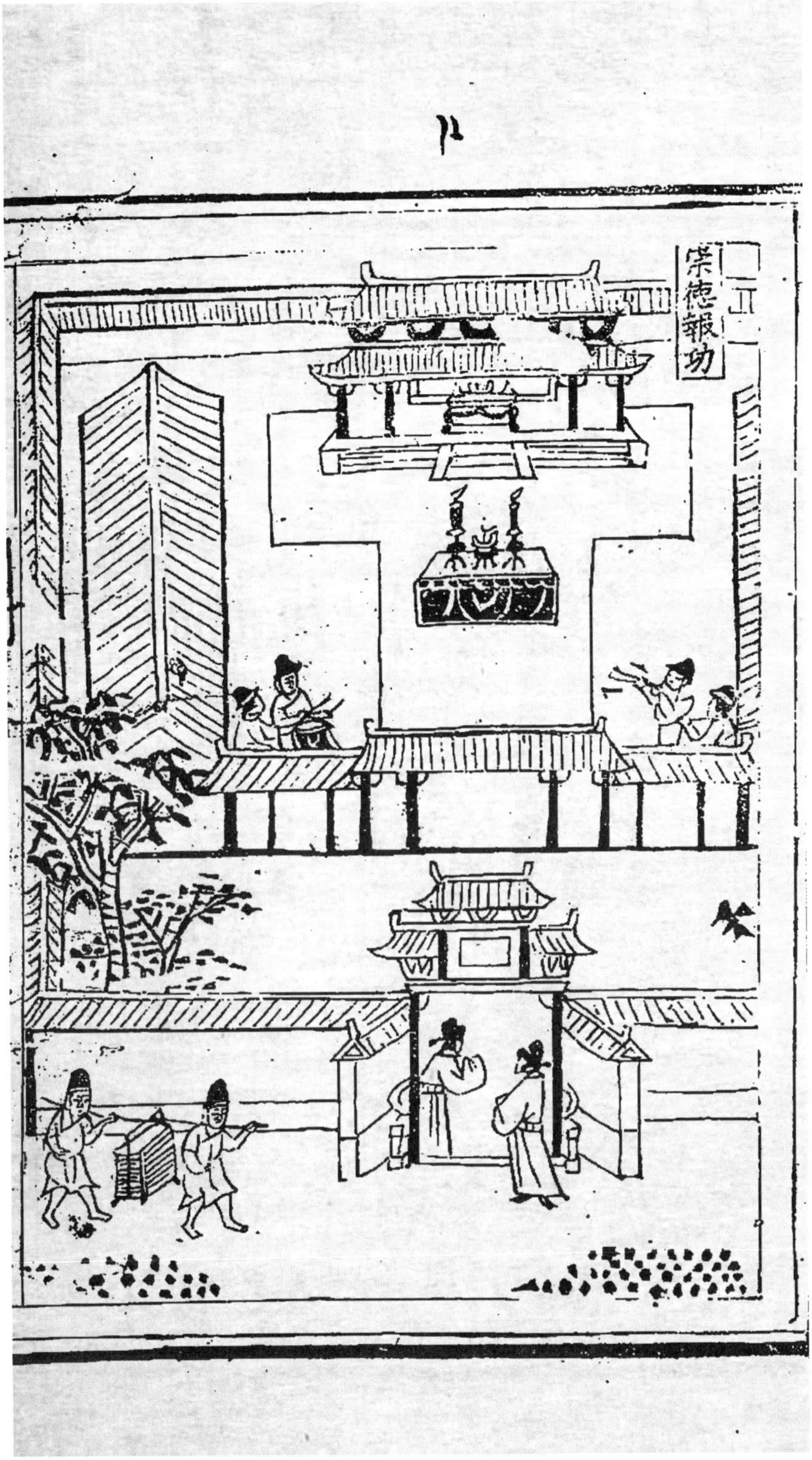
八
崇德報功

敬天臺

修攘底績

底績云何放牛歸馬蒲鞭勿事琴鶴来下崇善舊邑名附廓肇化新院名爰啓絃誦咿咿章縫濟濟亦又云何四郊迓衡王心載寧於乎王心載寧其泰階之所以底平歟

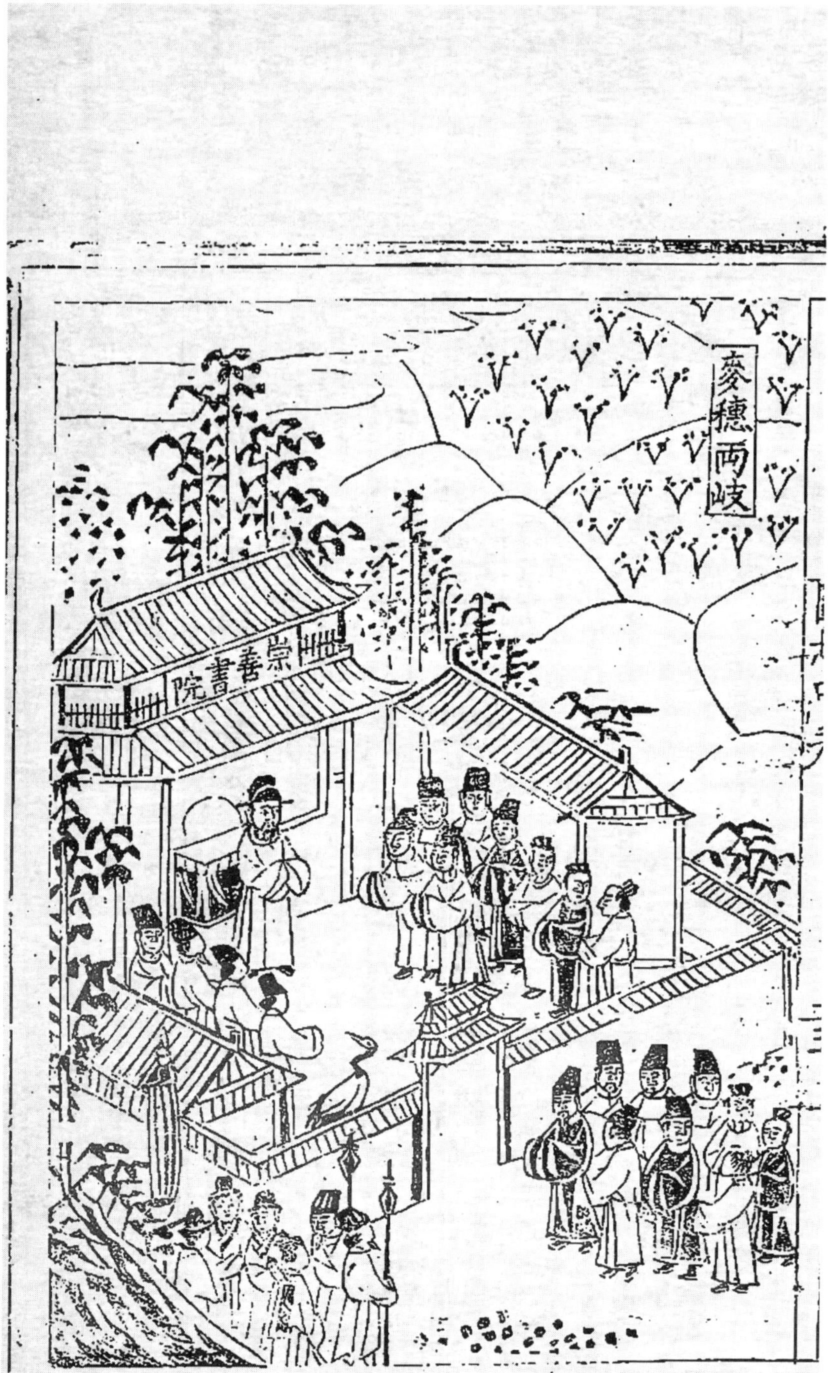
麥穗兩岐
崇善書院

桑柘馴雉
稷崇善縣治附廓

太平府

征南奏捷賦并序

廩生宋希邠謹譔

天王者繼天出治者也九天之所覆共惟帝臣故九九伐之威震于四裔者非行險以毒天下也蠻夷梗化是為田之有禽聖人亦不得不爰整其旅以取彼之殘也兵有三詭上兵不師其次師而不戰其次戰而不敗盖不師者天下安於大順大化也至於不戰則已非無所事矣而況於不敗乎嗚呼邇者交州莫登庸敢以不軌篡奪其

君復且暴慢不恭常貢不入
帝赫斯怒興師徂征秉鉞諸老復以事屬我
公孰知我公氷蘗自持先已信其心處置
廟上宿痌適以懐其携言重詛盟威遄鈇
鉞重以懾其志卒使弓不出韔甲不離矢
而登庸一以我公約束是遵蒲伏入降嗚
呼師之所處荊棘生焉故外寇未殲而吾
之元氣已索矣若今日之役外不至于涉
血厲腸內不至於屈力殫財有用兵之形
無用兵之害用兵而無其害是謂不兵之

兵真

帝王之兵矣是雖

聖天子慎德神威賓之化而亦我公壯猷底

来威之績也郊忝敎養躬覩懋功僭成拙

賦用伸忻躍之情亦并以紀厥所攸成云

庚子之歲十有一月有客衣縞衣冠白冠擘

彼騑轡自南而還野人見而問之曰奚自歸

客曰予游目新息之桂相羊鎮南之關參羽

林之赫戲隨

天戈以平蠻野人揖而止之曰南征之詳幸為

我言客乃繹馬曰
皇明秉龍一闓八埏吞桂海囊氷天西彈青海
之涘東極玄菟之巔雖限以懸度鯨波之阨
皆歆使之會皇極而熙熙邇者莫賊燕懷促
豨之心曲追公縕之知眈睍左纛以鼠晋垂
涎黎黔而桀猾抑且苞茅不入我無縮酒民
棄不保自作之咎
天子震怒命將致伐齋宿入廟以授旗鉞雲馳
陰符電走羽書奔矯矯之虎臣鷙羆兕之武
夫故觀天兵之衆也油幢偃蹇虎帳天開霜

祈鳴夜不雲轟雷候火明霄不霽星輝浮雲
猋靡馬蹀塵飛霧曀滃鴻萬竈煙歊角吹而
千里爨響旗舞而六合風淒儵忽之間寒燠
弗齊飲馬則富良之江淺礪刀則坡壘之山
卑舉手投足川徙而山移故秦堅之鞭不必
盡投而長江已斷宋祖之石不必盡負而山
道已夷貔貅既萃乃張皇吾六軍黃鉞炫赫
白旄披紛閶闔天地變化風雲蛇蟠鳥翥龍
驤虎奔風飈靈鼉兮山折日射文犀兮地炫
太淵邃兮倚長天明翼翩兮卷瘴煙揮戈兮

回昧谷之日鳴猿兮號喬木之猿天旂䮈露兮毛頭落長狐橫兮天狼潛然威風橫兮天幕幕鬼神恐兮山寂寞愁雲兮濛濛悲風兮淅淅日色寒兮原野慘霜華濃兮焱氣熄回天地動鬼神恍惚而不可測識交人伏草莽而窺之莫不喪魂失魄頸縮股栗人不及步銷車不及轉轂兵如植木弩如羊角信天威之莫支仁師之無敵由是夷酋袒肉面縛牽羊嚙壁出狐兎之狡穴而繫頸望日下之長安以稽角若夫不毛之野炎海之濱鵝毛禦

18

臘之衆斷髮赤足之民莫不籍之于牘以獻
韔門是試屬國以係單于巳不煩於賈傅受
長纓以覊南越復何待於終軍也耶吾師乃
罔志攸處弘以赦降之仁承紐而手解受襯
而火焚焉人莫不謳歌而聲侏𠍆舞蹈而形
紛紜由是闐闐振旅奢旋三軍歸馬放牛韜
兵及輪露布之文昭雲漢凱歌之聲震乾坤
蓋雷雖硠磕而乃濟其雨冬雖寒凝而必繼
以陽春野人乃張眼吐舌抵掌頓足曰有若
玆乎良久復謂客曰野人倥侗不知遊古迹

世御戎子復告哉客復告之曰蠻夷猾夏誰能去武舜伐有苗尭戰丹浦尭則修其欽文舜乃臨階而文舞未闋獻馘于泮宮亦不見灑血而釁鼓自是以旋皇皇風利殷伐鬼方其勞三年周逐玁狁至于太原是得中策黔首弗煩三代以下兵窮武黷秦却強胡陰山鬼哭漢伐匈奴鬼燐夜綠天地為愁年谷不熟豈如今日不戰自服車不發輛刃不嘗肉野人乃拜首曰信如子言今日之師與唐虞曠世一揆矣故謂今日之征交為後之伐苗

戰卌可也昔之伐苗戰卌為前之征交可也
謂今日為唐虞可也謂今之
天子為堯舜可也後之仰今日不猶今日之仰
唐虞乎客首然之野人復曰主化者君宣力
者臣贊成偉績果何人哉客曰良二千石江
公也野人乃延客坐因召毛穎與楮先生陶
泓陳玄輩以識其言

濉水悠思

睢寧古濉陽地也悠思自公去任三十二年而名宦題祠四十二年而去思亭刊載崇廟貌而言也樹之坊碣表以厲靖二以遺愛廼今推其必至遂使濉水有竭而此心則誠罔已也

濉水悠思

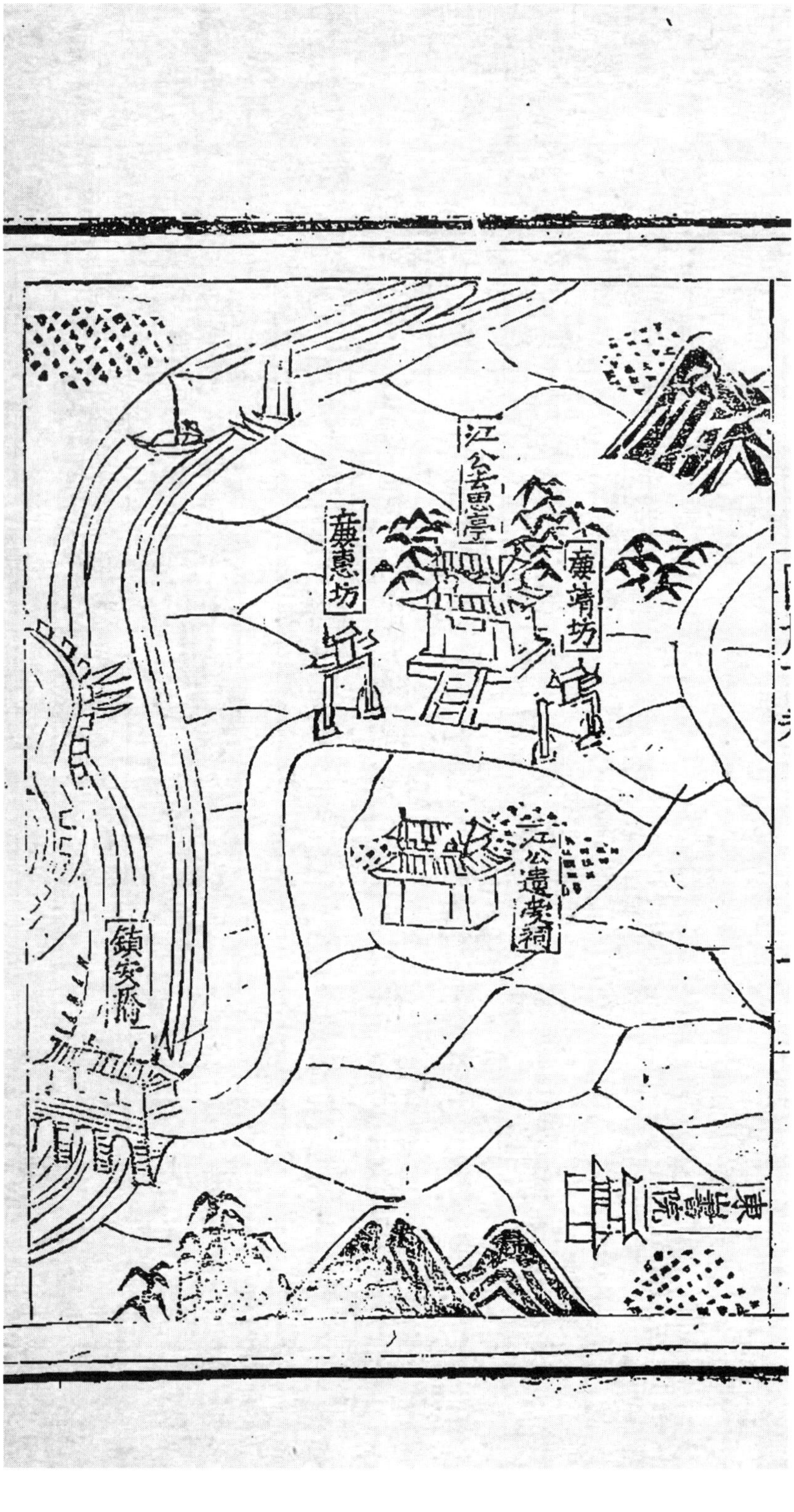
江公去思亭
廉惠坊
廉靖坊
江公遺愛祠
鎮安橋
東山書院

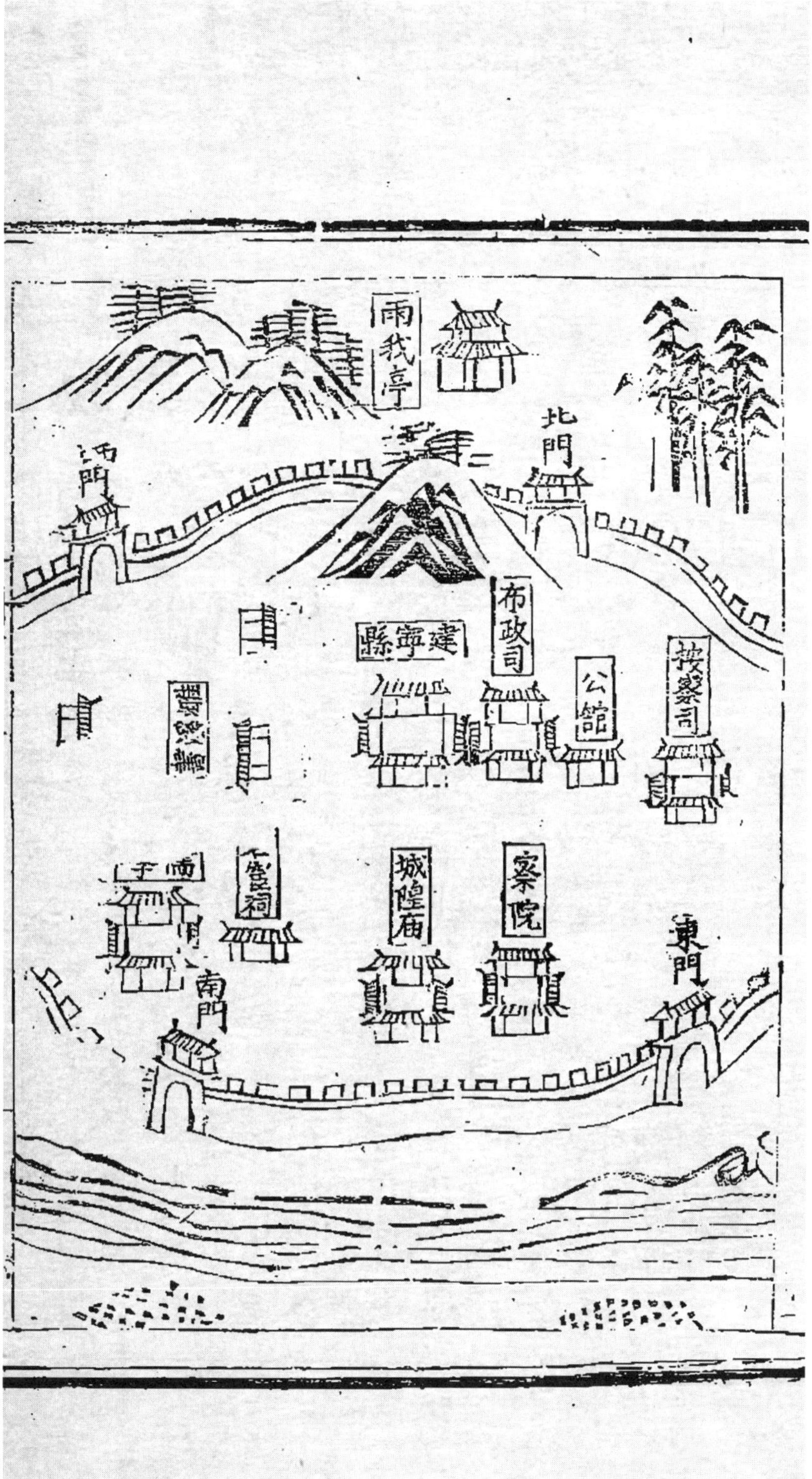
北門
布政司
建寧縣
公館
按察司
城隍廟
察院
東門
南門

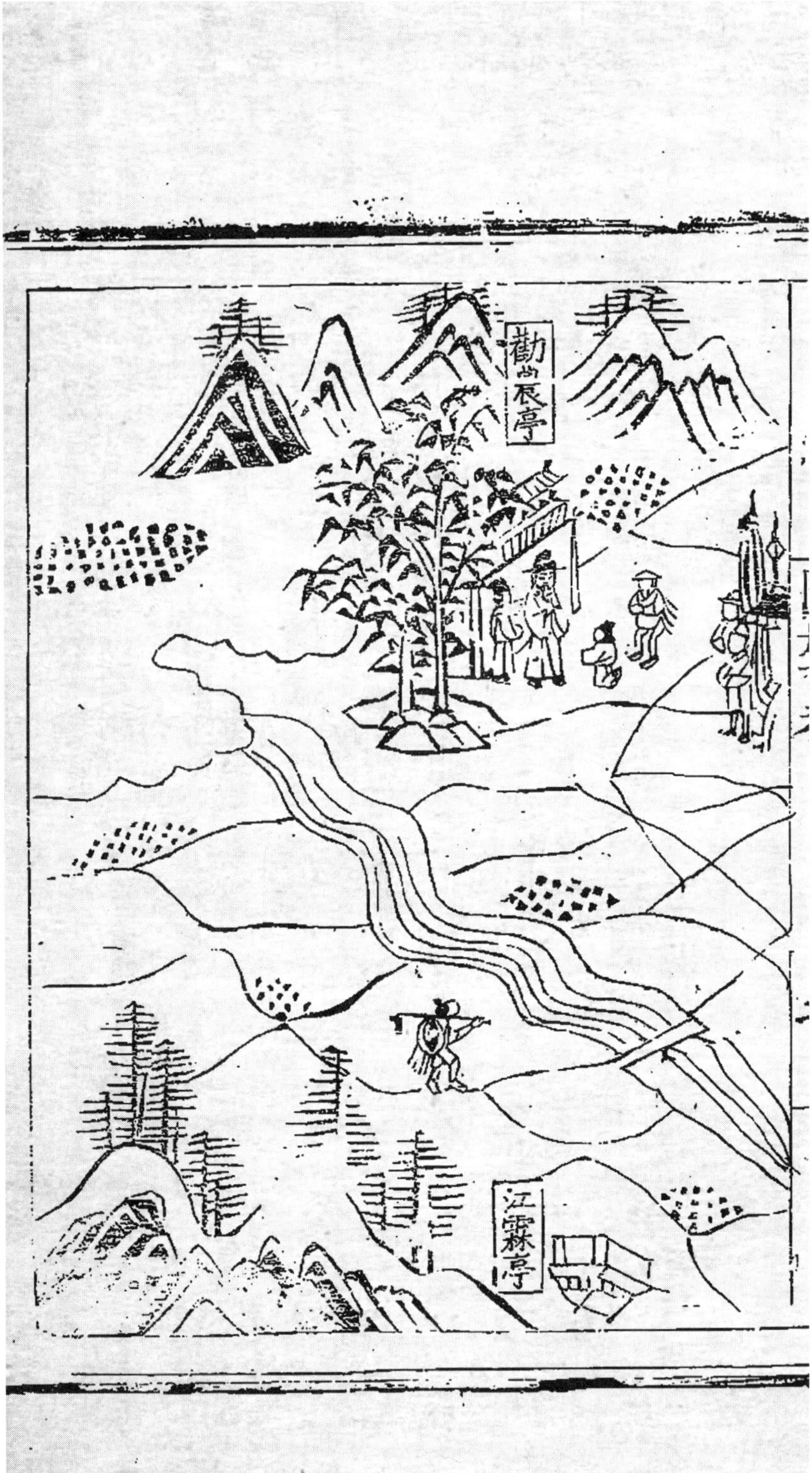
勸農亭
江霖亭

奏績序附

福清約齋王一言

江侯白石老先生、製錦建寧三年、以績最報政北上、車馬未行、檄書先歛、建之民德侯不能去、相與留於郡曰願借侯馬、不可、相與留於藩司當道、不可、繼不可、民愈弗已也。治士夫感侯義高能得民、因為之繪圖以紀厥勳、就約齋子祈所以為江。余曰、侯之政奚似而得民若此也、昔號富且庶、逋年，流賊摽悍 命，比侯之落也，寬而從後。徽輸，字而幼孩。養而高年。拊搔撫 福其生，咸昭蘇焉。侯曰可以政矣，時則載壺漿巡行鄉落，促而耕，勗而植，督而獲。遂而雞豚。勤而織縷。俾民皆有寧宇，侯曰，民復其舊，可以新矣，于是創東山書院，置學田，甄俊彥而聚樂焉，公暇輒親臨，相與規古今，論時事，考德問業，以課其成，巡行之暇，亦進塾師，正其點畫句讀，以養厥蒙民知學矣。侯曰：猶未也。遇父子兄弟親戚相搆訟者，輒先自責以不能身教，開諭百端。民有至庭而引去者。留侯之父老中有揭姓者，談侯輒泫然不能止，數其故，則曰：吾父子相訟，翁婦交從而搆之，若馬牛焉，累年不能解。侯至感吾以天性，使吾父子子、夫夫婦婦，皆侯德也。微侯，吾幾不天倫矣，今奚忍去侯。余聞命懼然曰：吏治之不古久矣。世之爲吏者，詩書率職，未有

推大道以逮下、哉、侯之治不
振而惠。侯之化。以而古。侯之民。引養
而新。侯之績。可以矣、
聖天子宰制天下、猶理身焉、先以雄律其
肢體、次以神明其耳目、而後調和其腹
心、郡縣肢體也、當路耳目也、
朝廷腹心也、侯治郡而郡治烈于天下也、
豈一手一足之力哉、
聖天子眷注之重、必將寄耳目而神明之
矣、然昔者黃霸治潁川功為天下第一、

擢為京兆、威名損于治郡時比為宰相、則愈不及、覇以鈎距、發奸摘伏、固不足為侯道、但侯此行幸亦善推治建之績、以大轂厥用、寧使天下之仰侯式減于建之民、則由此而進於館閣之任、元氣亦籍以培植矣、侯勉乎哉、余歌洞酌三章以荅客、客歌甘棠以賡之、遂書于卷首、

嘉靖壬辰仲冬朏

旌奬辭

吏科都給事中華軒薛廷寵代譔

喜遷鶯又引

聖主弘仁守令重親民之選憲臣貞度寀工羅旌

淑之規敬德意所加無人弗奮臺章惟教亦

善以揚棻惟　大寅伯閥閱高騰才華遠駕鍾

英靈于海嶽王國克生讜骨相于紗籠庶民利

見詩喻毛鳥獨探一之源學本新安爰接諸

儒之緒鏁巍科蚤　籍洛陽年少之錚及太

學壯遊盃勵公波　保涉世寔始效

時銓注入天書名

鸞座符章分壤土宿　官月掛花城百里溪山

滿照風行節屆萬、　犬無聲警桀黠以撫良

民法行自近年紛華以崇正俗獘絕在源桑田

勦籞諫之巡撫樸妙作新之化青州荒歉留公

之策稱奇鄭國盜奔子產之威屹立棠陰袖祠

入歌召伯之仁絃誦家家我喜言游之教盖全

牛已空眼底雞割何勞而鳴鳳終在朝陽棘棲

匪久政成朞月諒寬臨宁之懷威震八閩先激

當臺之獎幣書鄭重恩數優蕃士庶鼓舞以鄭

迹翰墨淋漓而帛紀其江右書生濰易末佐辱
在寅恭之雅慚無賛畫之能晝静聽琴仰高風
于有素夜明擊柝伏餘武以無虞盛事欣逢休
元荐被張旗導吹奉節喻以彰賢列幢陳詔採
塗歌而獻頌大才當大用小試其端為善不黨
名光圖厥實更續短長之韻庸終勸祝之誠

詞曰

山城歲暮正禾稼倉倉—歌鶯户擊鼓椎牛輸租
辦賦都道南陽召父　入閫憲府旌書千里馳
赴燿絲幣揭高燕老　當取

天子定名紀　御屏將　職明年去思千

古遺愛甘棠南土懃　哥酧酒莫待轅攀轍卧

這場事是竟縫遭際　怎召

本邑崇祀文附

建寧縣關文

福建邵武府建寧縣為崇祀名宦以昭公道事案
查先據本縣儒學廩增附生員鄒喬李仕錢耶魯
泮謝文粹范廷學等呈前事切見本縣知縣江諱
其嘉靖柒年任存心愷悌涖事廉平勸農桑則躬
行阡陌清里役則革去直衙節冗費而夫役省疋
無科斂之繁禁奢侈　戒嚴邑有返淳之俗加
意學校則購地以建　捐俸以置學田政績之
大具詳縣志行實照　仕崇祀之典未

申而彰善之公猶隱　車大明公道
況值　察院案臨激　紀喬等爰採下情敢干
上聽伏望
詳示施行轉行入祀庶公論少伸風教有補等因
到縣已經備申
巡按福建監察御史樊　處蒙批守巡道查報蒙
福建布政使司分守武平道兼汀州地方左參議
宗　及蒙
欽差整飭兵備兼分巡建寧道帶管武平道福建按
察司僉事舒　會同案行本縣覆查明白取具該

縣學官吏師生不扶結狀申報蒙
守巡道會議得天下之治亂關乎才賢世教之盛衰
系諸感化故夫賢人君子生則崇爵厚祿以隆重
於前沒則列之名宦鄉賢以表彰於後非徒旁其
人以至其報蓋所以使凡仕於其後生於其鄉者
莫不觀感激勸而吏治因之以益振士習因之以
益脩其風甚遠而其典甚重也今知縣江該縣學
結勘既明可徵公論名　　合無將知縣江祀於名
宦祠依時展祭以昭無　　無風化益彰而世教可
敦矣准復別有定奪外　　事理各道未

敢專擅合就呈詳爲此　　　　　呈狀同原蒙批
呈粘連備由具呈照詳
批依擬行仍取該縣行　日期報繳復蒙案行本
縣將知縣江遵照崇立神主依時展祭施行遵依
本年肆月拾柒日將本官送入名宦崇祀外今照
本縣已將
知縣汪　送入名宦祠依時展祭合就移關本
官原籍該縣知會庶不沒本官功德之厚使幽冥
之中亦有所感爲此擬合就行備將緣由關報煩
希轉達本屬上司併諭本官子孫一體知會施行

本邑崇祀志附

名宦祠

崇祀神主

晋

鎮將陳巖

宋

令趙紡夫

國朝

令江一桂

教諭陳澂衷

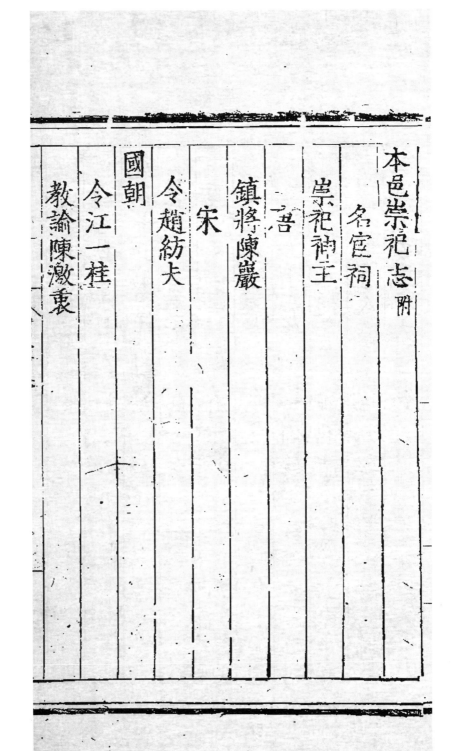

崇祀儀節

以春秋上丁日祭

先師畢正官易服行禮

豕一　羊一　帛一　籩四

豆四　酒三獻　有受胙

祝祭文

嘉靖二十三年令何孟倫遵奉

題勘新主入祠奉安神位惟神功德留茲土遠而益

彰公論在人心久而始定或死勤事而勞定國民

恃以安或捍大患而禦大災法當得祀顧人亡其

迹已息禮廢而其祀未章孟倫來官是邑景行先賢肅典禮之弗明懼影響之遂滅心乎愛矣冀垂大訓於將來有其舉之爰發幽光於異代特推名宦並列鄉賢神氣無乎不之群蒿必達誠懇亮其在我黍稷非馨寘漠無方洋洋如在精魂不昧勿勿享諸

歲祭文

嗚呼用乖于時者功不 建行違于志者名不可留甚矣道之難信而會 弗投惟神敬遊所至惠澤斯流士景其範民承 寃志以功酬

祀事未舉爲予之羞矣　春秋儀刑具

在欽矚前脩尚享

本邑士民馳祭祝文

維嘉靖三十八年歲次己未十一月戊辰朔越祭
之日辛卯福建邵武府建寧縣舊治下吏民謝元
等謹以庶羞東帛之儀拜展于
明贈中議大夫資治尹白石江公老大人之靈嗚呼
萬物之寓宇内咸倏去而倏忘惟功德之在人心
歷百世而不泯惟我建寧其官於兹者不知其幾
而唯公則不忘於既去後其去於兹者不知其
幾而唯公則人不忘於久之餘蓋公之蒞官德
洽民心功施後世迄今雀崇祀其見

而知之者則述公之行　其聞而知之
者則頌公之美以仰荷　前然則公在一方則一
方重在天下則天下重　沒之後而有不沒者在
雖去之久而有可久者在昔人所謂百世不朽者
不其然歟元等忝屬舊治沐德殊深茲因縣主歆
謁祠靈仰神明之在天薦芳醪於斯也雖未能以
鑿圖報之萬分亦聊以寫不忘之鄙意告
饗

留都遺愛

户江西司主政雲南司員外四川司郎中時圖也遺愛語龍閔督醝之疏次鯨不揚淡查粮職任之蔗靖箕不翕舌總巡調發之惟允公哺興歌所至建明類皆迄今為後來之章程云

龍江艖廠

查粮處

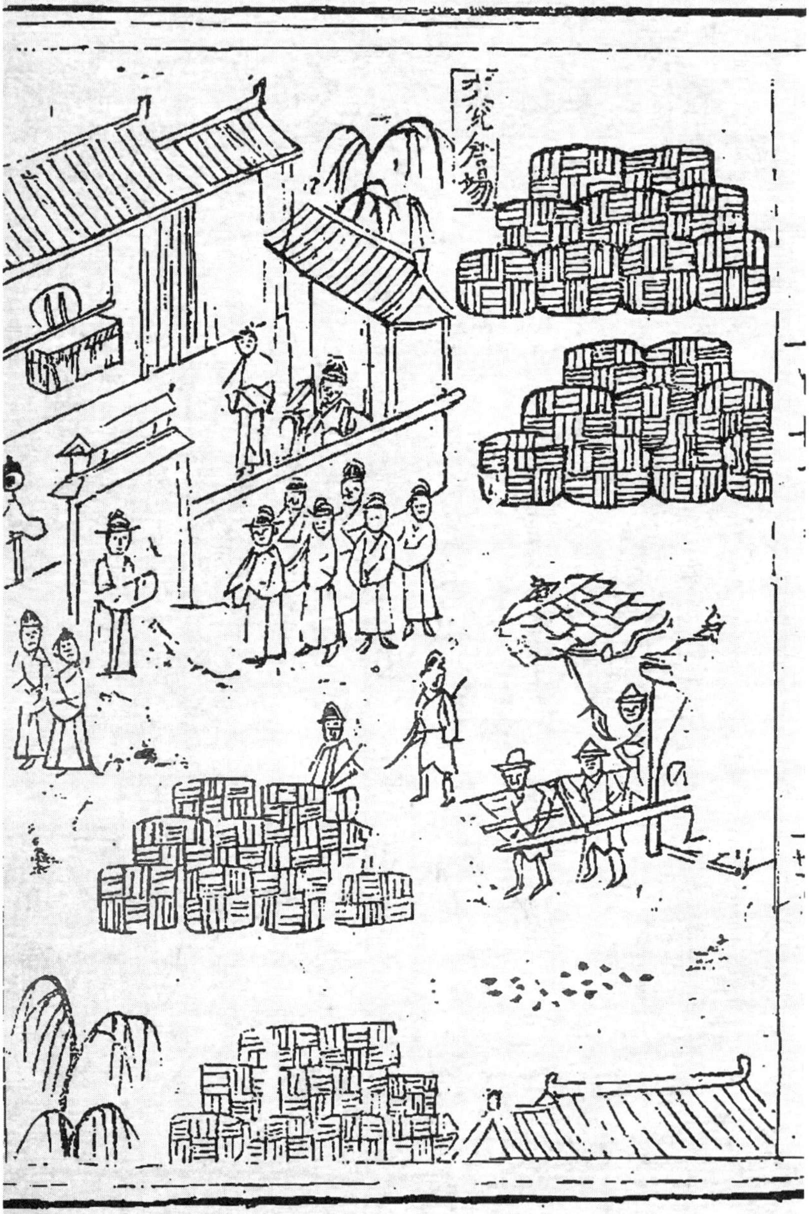
倉場

考績序 附

南京通政使司右通政西玄山人馬汝驥 譔

白石江子伯馨為南戶部江西司主事三載矣將入京奏績而侍御周君冕方君克趙君彥之郭君本正御張君烈主政張君國維張君真與其門人羅子槐輩謂宜有以贈也序曰孔子有言如有所譽者其有所試夫士必有所試而後天下之事亡難易者必力行倫而行之外者自順也江子時也嘗督草

塲晉四門九庫復成橋諸倉有所出給
不加以鈎稽不損以厲公吏胥不敢蹈
其奸其督鳳陽軍餉值歲歉儲置乃校
覈諸郡縣負額逋稅數萬石濟其饑衛卒
啣恩比匝部流攀留之卓然良户帑也
夫金穀之事難也然其績著人見之易
洸江子嘗令于建寧今天下之吏其難
尤莫如令蓋上臨以鉅官而下主民命
職畢事劇苟於此試之有成績茲其人
不可大受乎聞之建寧人易死訴毆者

輙死于毒誣其良子乃抵以重辟民獲
不自死俗又多巫覡有喪率役緇黄誦
讚唄則一切焚其土木偶絕之見徭賦
有公堂承准之弊痛自審革揭于櫂廡
垂永久之禁已乃建書院數百楹于東
山以訓學士置田給筆札躬課優劣學
日以興春月則单騎出郊具酒食勸農
朔望耆宿至庭必令諭俗凡不協始則
勸中則諭不從乃懲使其服刑靡悔其
為政大抵省事惜財與百姓痛癢相屬若

漢循吏然至擒詐官糺偽卯清詭積啟
閭閻事皆可紀歲旱則祈靈湫草蹻遠
拜自罰即雨民有江霖之謡緜是部使
者數旌獎之遂令職其有所試如此為
良戶部也固宜初江子博雅有文經學
尤精確登領鄉薦而數不得志于春官
其就銓書選也以禄養母在違寧奉母
周旋凡有昭于民入以告母與母之宜
乎家出必見諸庭大夫士稱之曰江令
御民以孝當官以家者與其行之備于

內者如此其為良令食户部固無往不
順也易曰自天祐之吉亡不利茲行也
吏部將上其牘于
天子且將大受之則振華履亨以大行于
中外天下之事真無一難爲者矣江子
有叔父堯卿亦曾為户部予同年進士
故聞其家學甚詳會予復攝户部事知
江子而羅子亦歷事于通政序故不俳
辭

北濠流澤

北淮鳳陽　中都也流澤自其督儲　中都之
惠政云維時歲歉儲匱宗庶寢衛待命籍
籍撫臣憂之使匪檄徵兩河南直省罷積逋復
豁鳳徐滁泗夏稅秋糧三之半其何攸濟使
匪痛自刻紓刋冗汰浮必使存積慮計逋半豁
為　題請以道不刋其何永濟則今
天潢演迤根本盛大與天無極在當年涓埃之効
亦誠有以濬之哉

天下根本
中都鼓樓

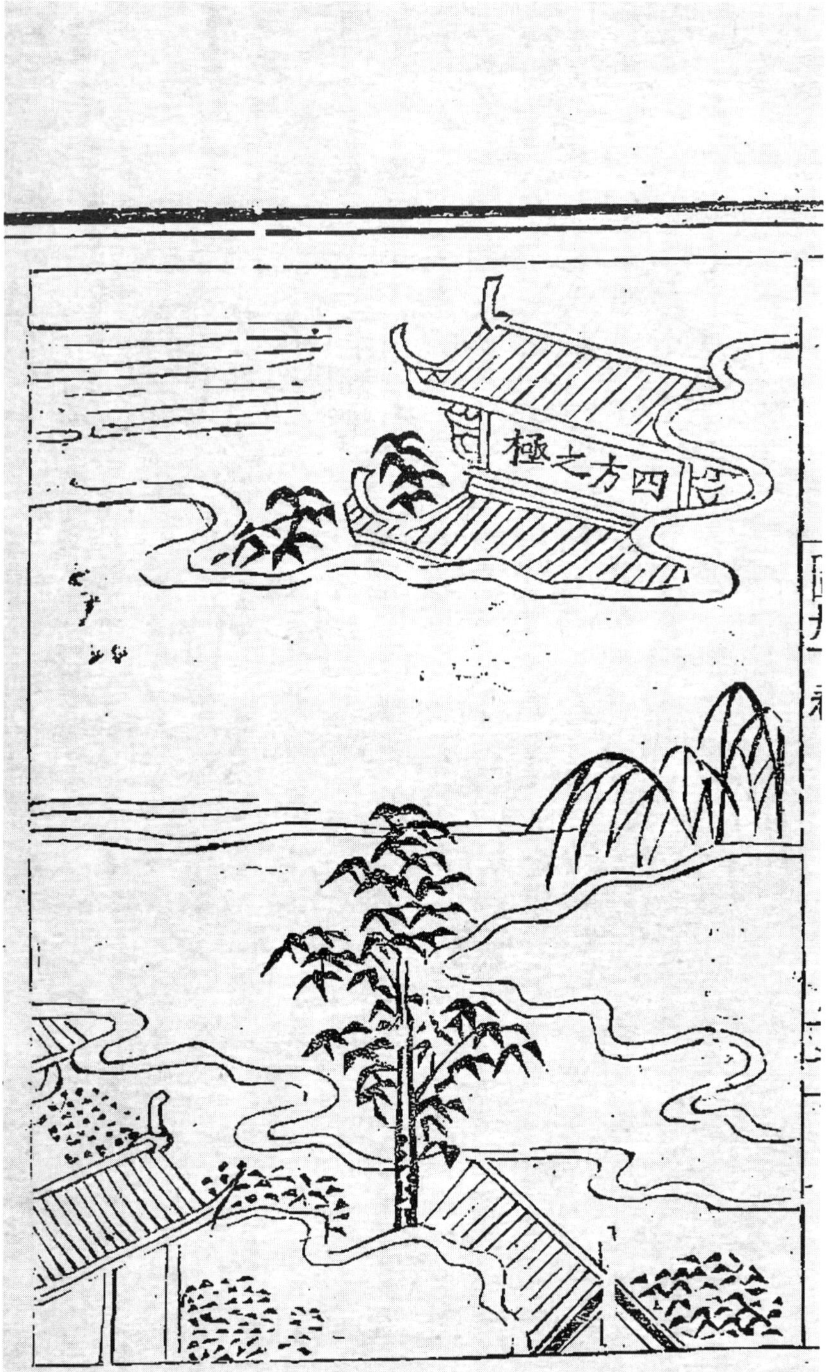
四方之極

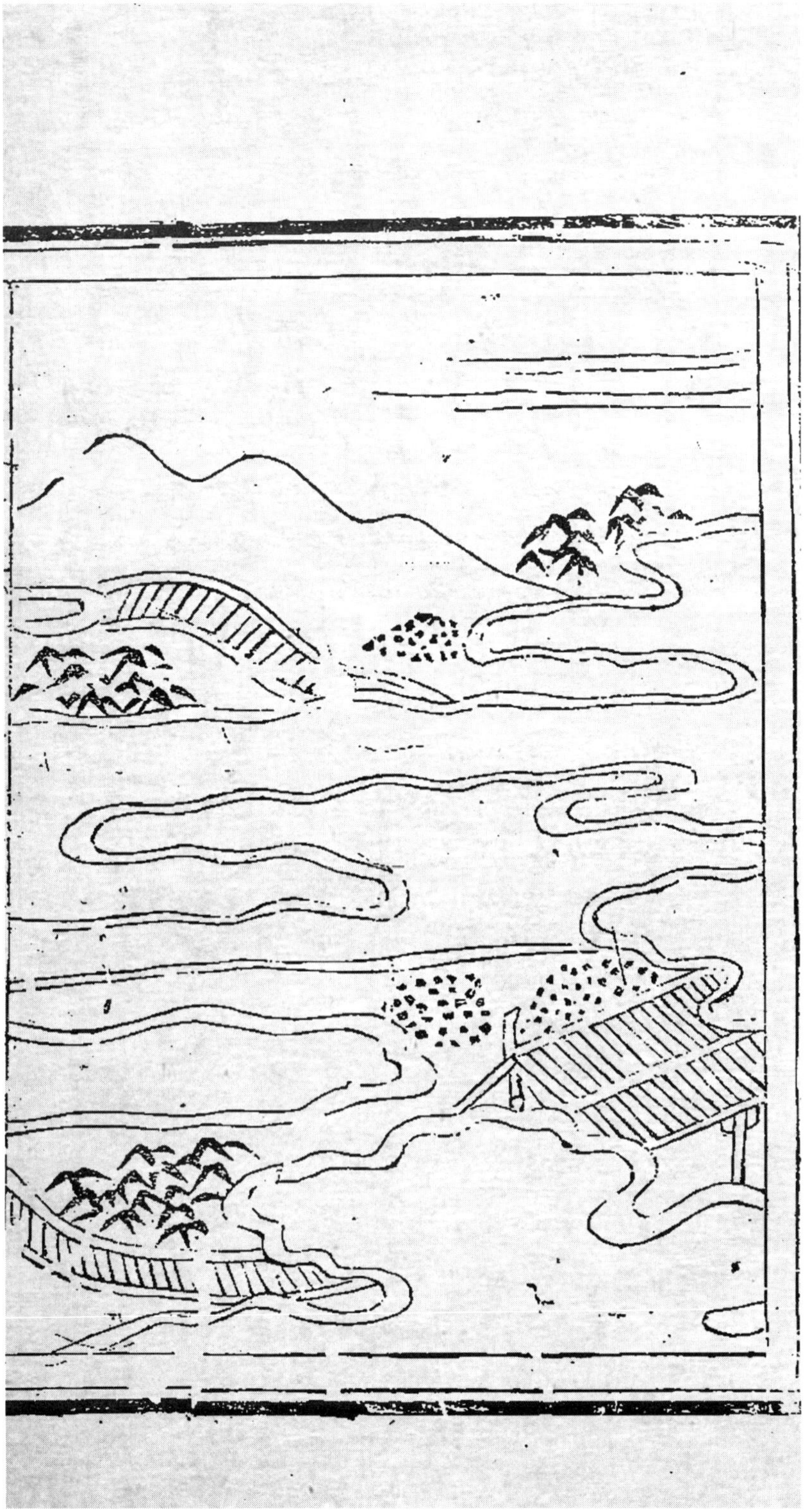

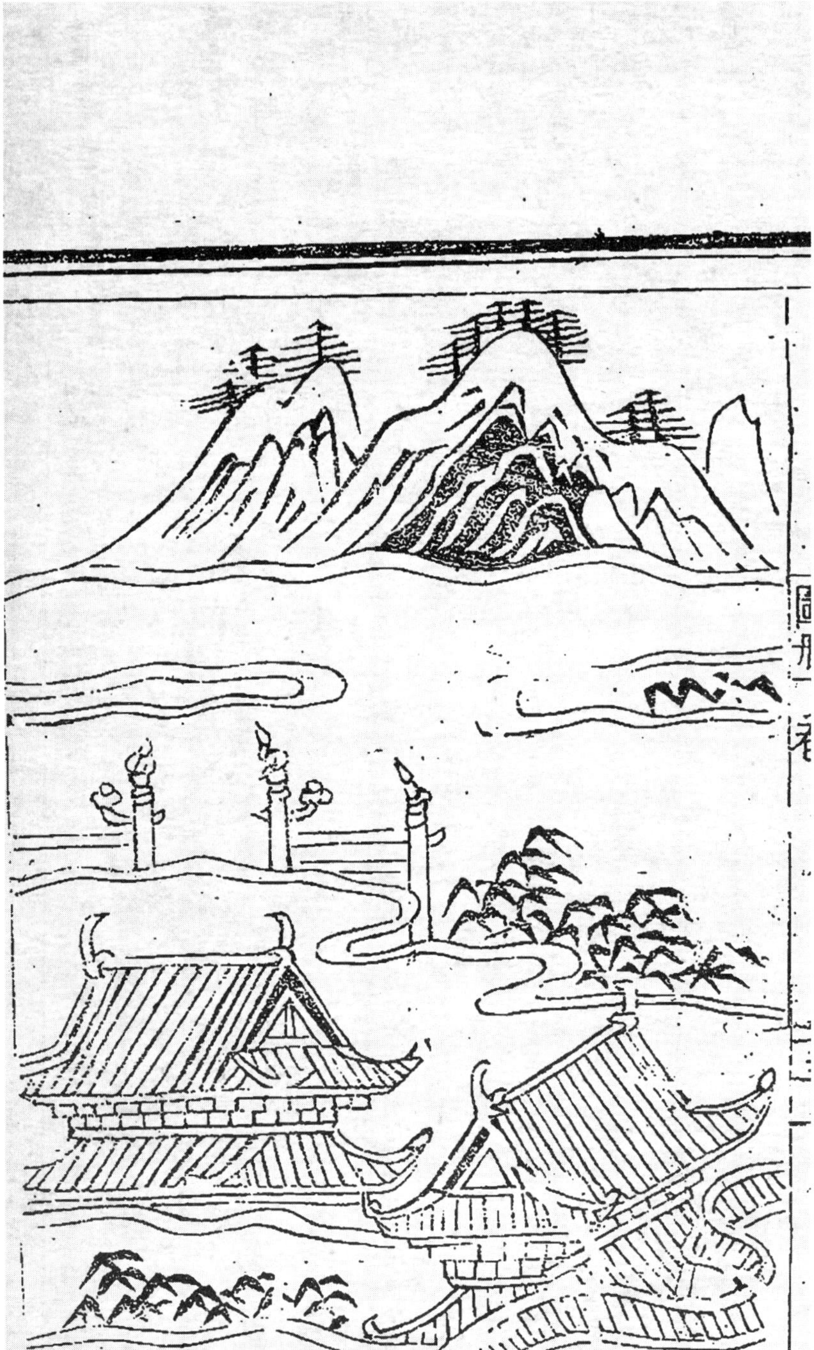

贈行序 附

知鳳陽事四明鄭潤謹譔

竊惟糧儲國之大計鳳陽額課歲盈三萬有奇兩河三吳之錢穀輸焉
皇陵戎衛之食餉資焉簫墻官師之廩祿需焉倚辦煩廣實非有司所能兼綜是故
孝廟時始用 王官督之每春大司徒簡僚以遣及期而代其人固有可僂指而數者矣求其居有聲績去有遺思如白石先生者可多得哉嘉靖乙未
春先生輟署事以涖茲郡潤叨侍教嘗懷括之攻

有五爨焉邊官佐正簿書平亭量嚴扃鑰於是乎
徵公盛服堂生門無私交隸閽之細咸洗手執役
於是乎徵廉完。本之稅輸掌而措歷之一毛一抄
莫能逃其算於是乎徵明出納之期雖祁寒溽暑
鞫囑既事未嘗以冗辭於是乎徵信從容措注百
廢具興鞭撻之威日不一試於是乎徵寬至其平
居與士大夫遇也神閒氣和有伯淳之色言簡意
當如庖丁之刀望而聽之者皆知其為有德君子
而政不存焉者矣夫公以立法而不苛廉以律身
而不矯明以燭物而不察信以待人而不欺寬以

御下而不暴豈惟一方豈惟今日雖行之
朝廷可行之天下可行之百世亦可吾知先生將自此升矣先生迨蒞軍民乞留藩諸司府之庭者蓋數千計然先生以太夫人在堂惟欲侍養南還諧乎其眞遏也況沮于舊格而力不足以挽之乎是故留臺王子石村張子西川謀致其私乃以贈言屬諸瀾夫潤何能知先生軍民之詞固盡之矣遂約其大吉如右俾繼至者視為前車去思者係為口碑稟史筆者採為野說問于二子咸曰可以贈
先生矣遂書

南國棠陰

南寧古邕地也公嘗為而涖南寧哉維時督府發百粵累世究閼寄羈邕囹以待治于公因簡邕符惟公調集公至甫越月凡嚮之纏瘦痼癰瘓延躬於不可滌濟者不唯一朝平反而且悲其反之晚嚮之淪胥坐連一不徒頓釋而必哀矜以開其新故於時持衡僉謂公之悲曉于公遺風焉公之開新復其舊世其土興滅繼絕之仁也是宜尸祝公於既去之後而爭像祠于未去之先環兩江不異邑噫是心孰使然哉夫道一而已矣視此棠陰亦何古今之間

五公祠
江公祠

解審發落
發回寧家

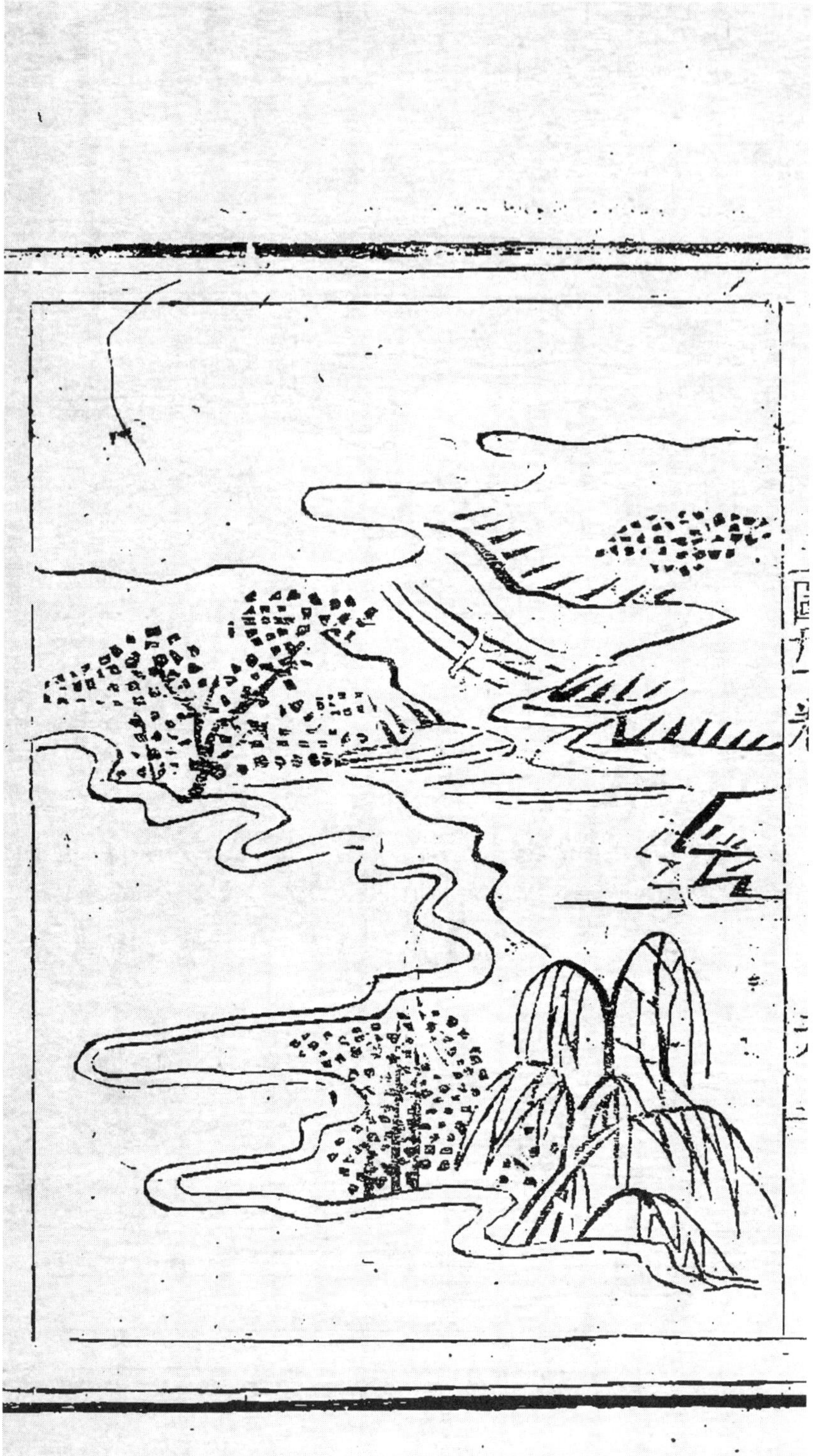

陞憲序附

賜進士知福州府事豸谷陳大經譔

太平郡侯白石江公遷雲南兵憲僉曰江公驟歷中外嘉績居多而烺焯褎著者大慶之典也茲其報功也夫或曰今之為民牧者有分守焉固封域以安民輕役使以平民興民利以阜民重師儒以淑民凡以務治內之備而不覬乎其他也江公之守太平攝南寧恪謹於官而殫勤於民故取十八村以立附郭固封域也定圖里以杜渙散輕徭使也濬江渠以通水道與民利也創書院以棲士徒

重師儒也侯度之備尚矣不[illegible]之業而顧大慶之
為功也何居豹谷陳子曰此所謂內治修而庶外
攘者也君子志在天下國家分之所守有限而道
之所該無窮推而行之何往而不達哉虞廷命牧
而要其成至于蠻夷率服者此也即是言之則江
公大慶之成內治之效也此其不為烺煒褒著者
哉維昔莫厲煽亂不庭弛共
皇帝神武赫怒簡命大臣東塘毛公以參贊司馬往
杖纛仇公以咸寧侯往督府半洲蔡公兵府郴公
以舊總制協之當斯時也 天威下臨大軍壓境

人情洶洶邊界閫嚴天時不可以久曠兵機實難
于遥度才智殫謀征撫兩掣然而内倚之以進止
其宜外示之以順逆其道单騎隻輪奮不自顧夷
夏冠履克定厥成則惟我白石公而已先是大巡
瑞山何公主庚子試事徵公典之叅贊諸老乃愕
然曰太平大進中哨之衝
朝廷爲官擇人江守去晋呼吸關之于時大叅東崖
翁公憲長長溪鄭公内受機密之托皆愕然曰太
平大進中哨之衝
朝廷爲官擇人江守去晋呼吸實關之相與撥亟遣

責有憲瑞山何公遽懼曰江守云晋呼吸攸關有
如此立于邊塲促公刊道進行既至吳登庸始乃
近關去而復返昔之携貳今皆帖然貢方稱藩奉
朔歸侵咸就約束真奇以光我
天王大一統之業焉夫交趾之地自秦於百郡以来
反覆不一黎莫設詐據國以叛莫能統制今賴
皇靈奮獨斷之威諸老協同心之力而都統之號列
于南藩舞干之後於斯為盛江公身繫安危離合
有如此則內脩先觳其可誣耶雖然交趾寧邇雲
南猶寧邇太平及南寧也公守太平及南寧化既

洽矣自擢雲南藩臬權之所制廣則德之所施博

終始其化益敷我

天王之文德使其歸臣之心恪守弗渝焉是尤有待

于公也耶是尤有待于公也耶

麗江循政

按麗江在輿圖發源于諒山安南屬也合流于三水唯厥郡治壹城寔麗江所環匯云循政見之境外鯨不揚波姑不論論其大者如遷崇善邑庭附廓以繫民建肇化書院城南以迪民導渠灌野灊畝距江以阜民則皆竢本澄源政之循何如也他若歸十八村隸我郊版立之胥徒以流之習之跽拜以率之懷其倫胥於其阽危則廓清又孰尚哉

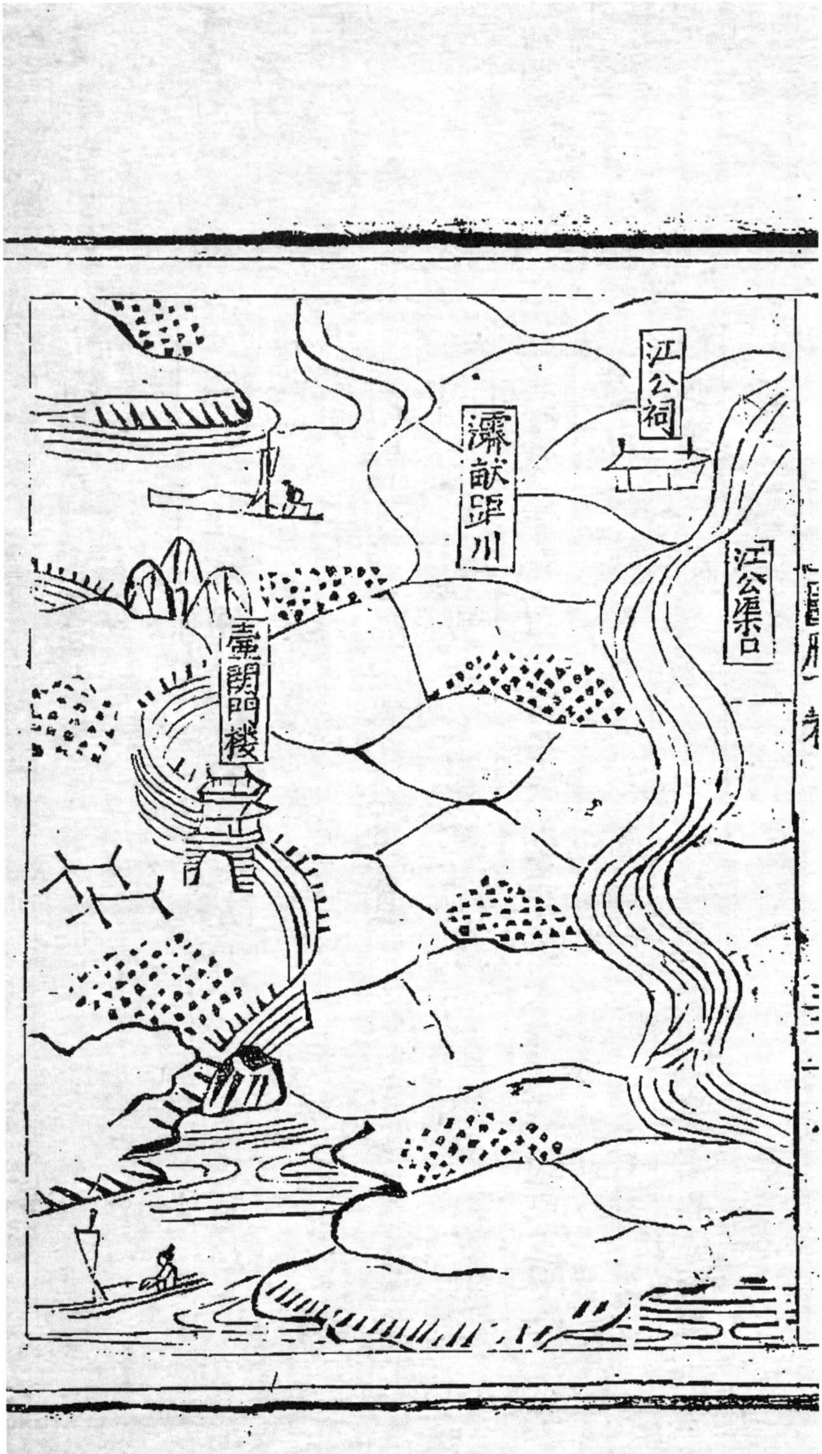
江公祠
江公渠口

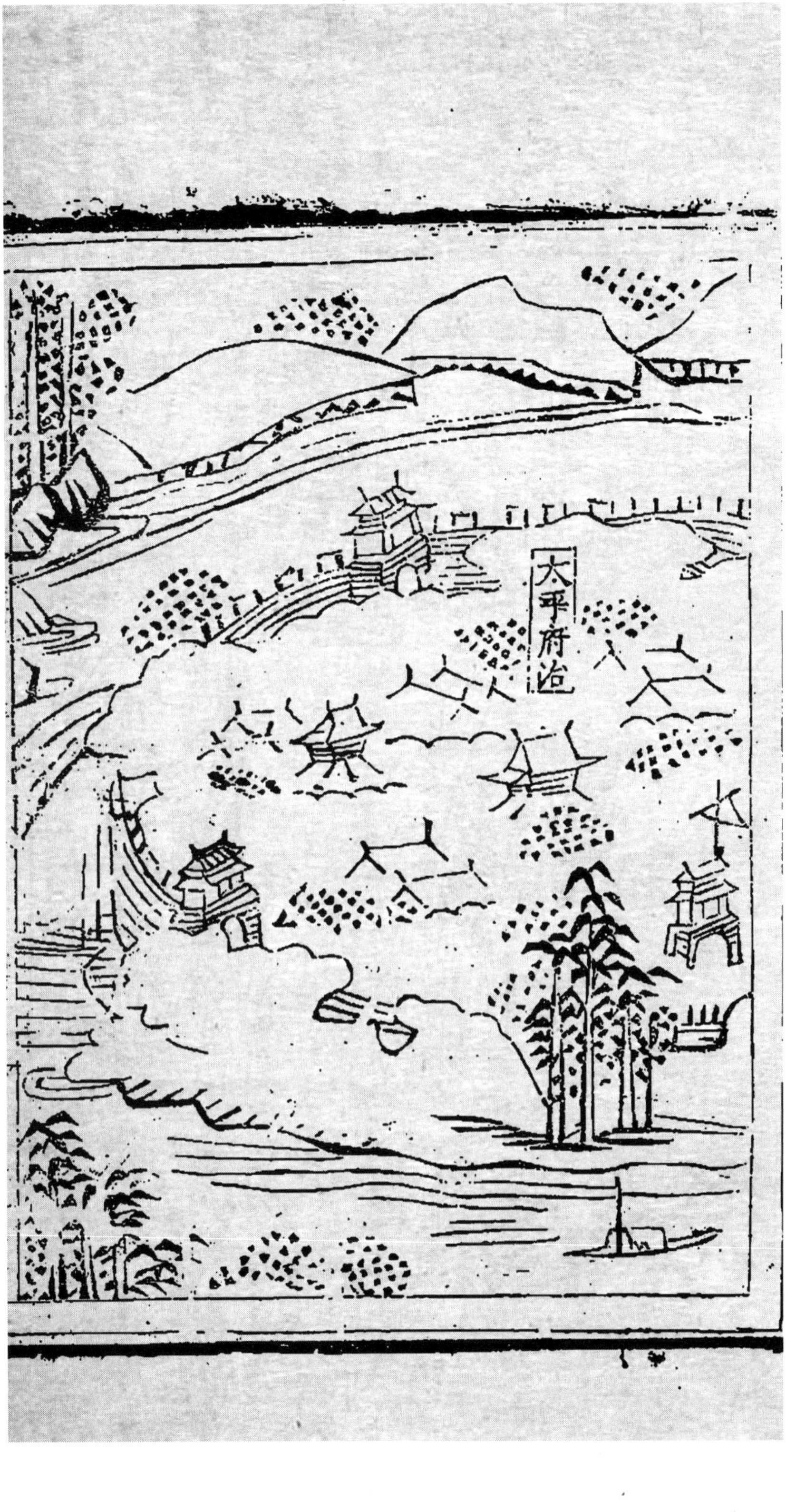
太平府治

劉龍錢

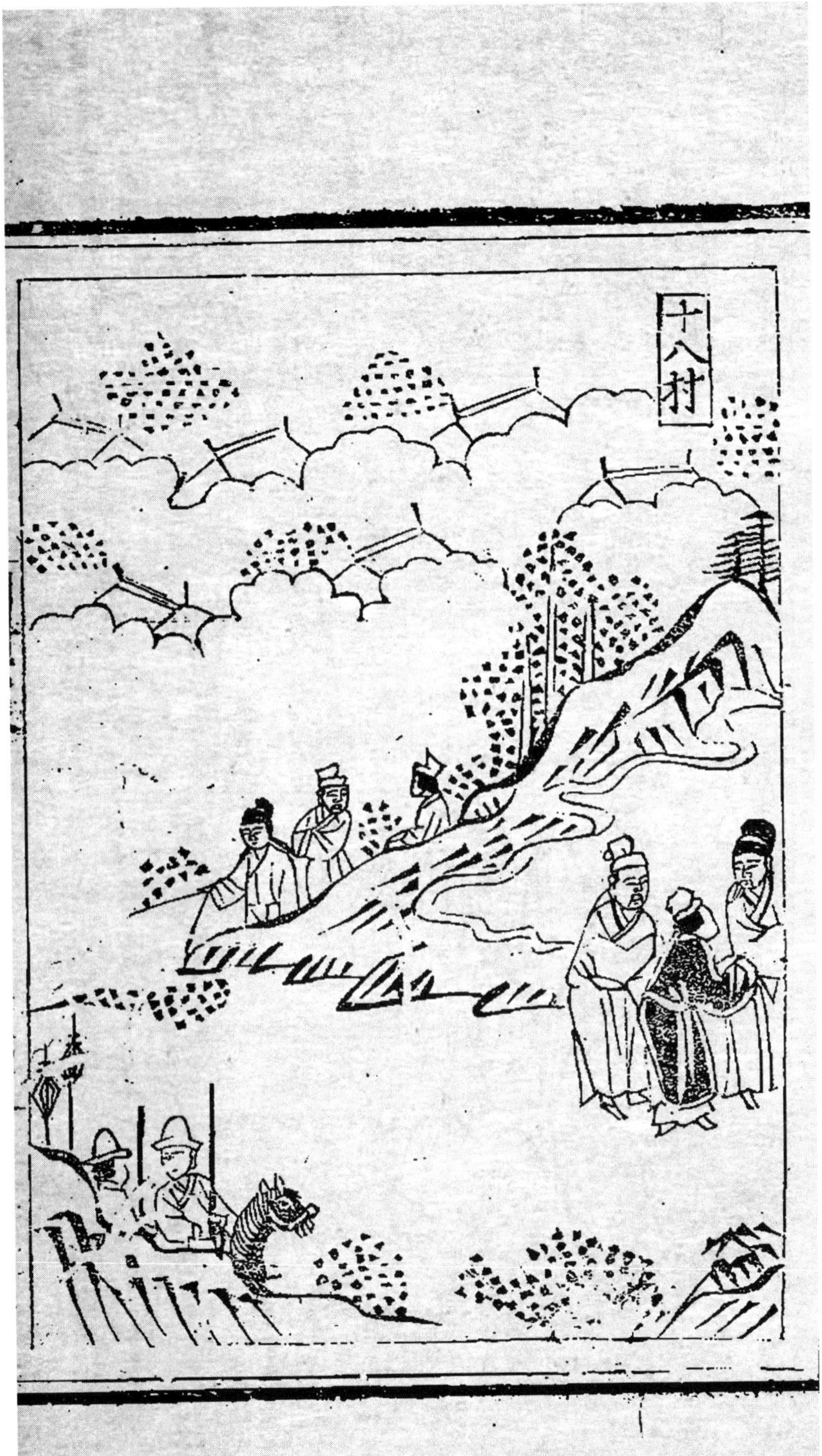
十八村

光柳生祀

光柳公自南關見而悅之移栽府治府之人聚而擁之恍忽成山木亦因之遂駸駸成喬矣於是盡城屬邑士流官民不崇朝立堂其前肖像其上公欲止之即咸訴曰一日思我父而不見見我父之手植如見我父焉於乎木之天全而性定若或速之人之天適而性遂若或驅之為公者亦惡得而禁之哉

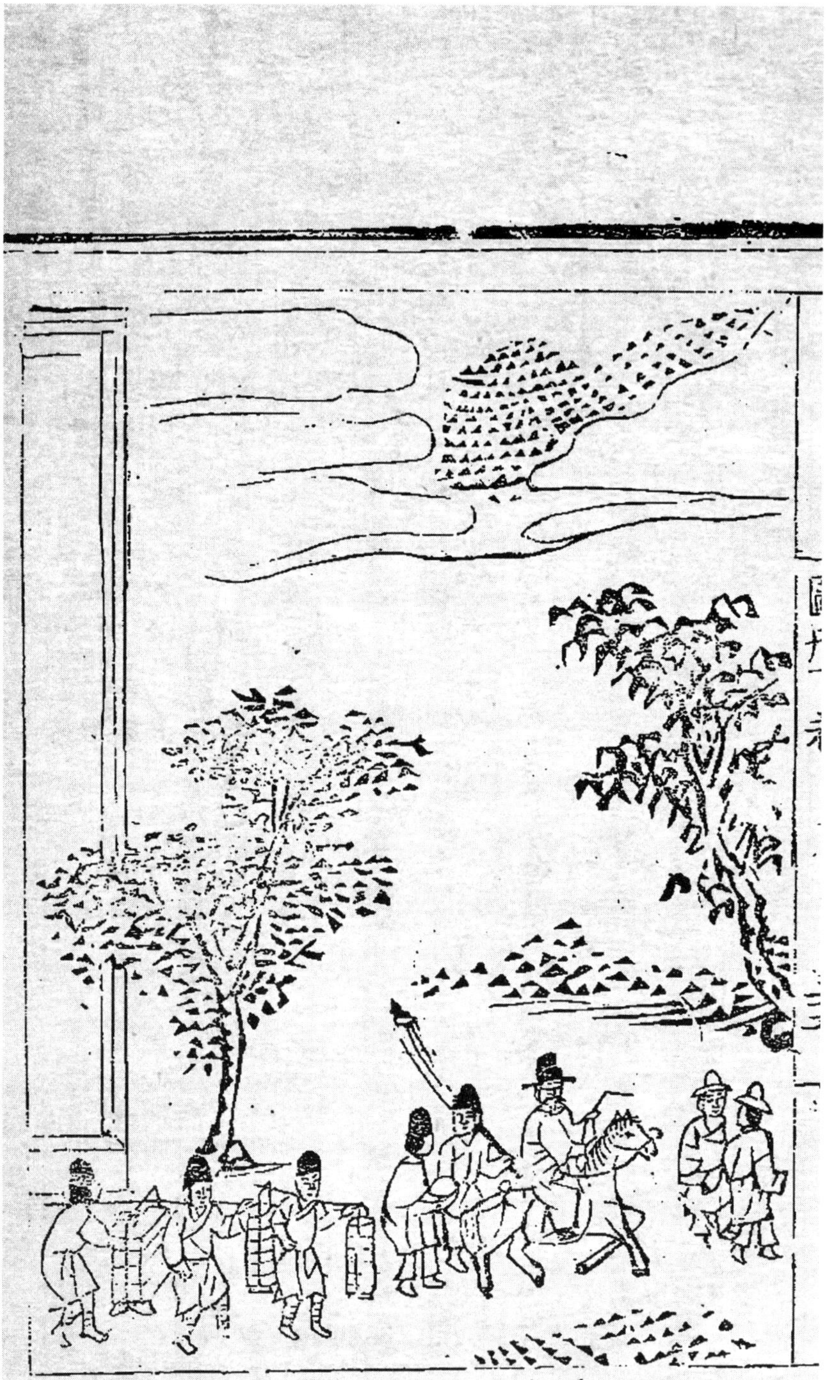

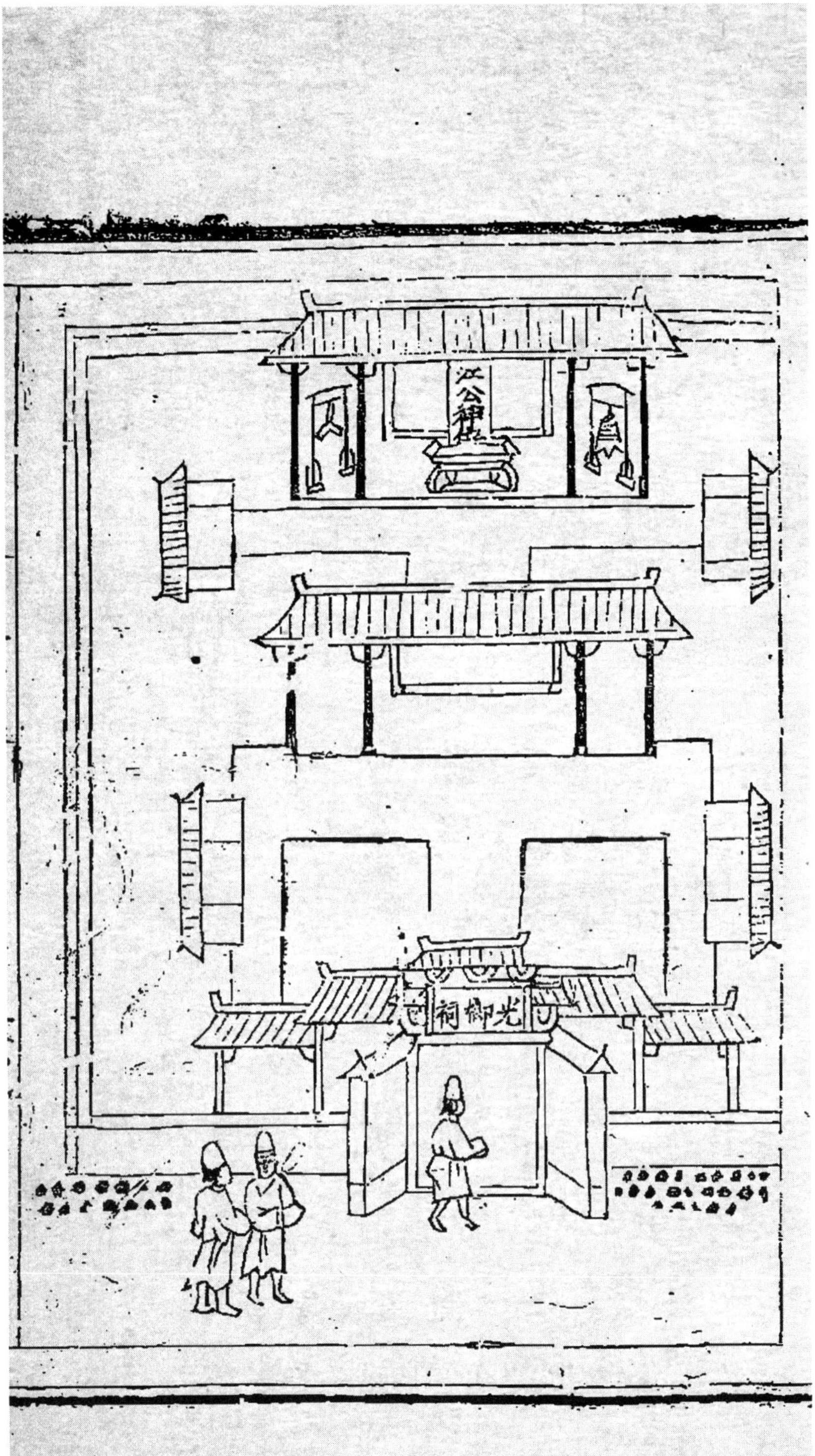
江公神位
光御祠

桄榔詠叅附

喜桄榔有成　太平拙守白石

嘉靖庚子仲冬三日登庸降越二日矣余喜見桄榔戒人移蒔郡城倏三載高出女墻清陰灑灑可愛漫賦二絶以著由来

桄榔久已注唐詩今向南關始識奇羇旅喜攜
迸下樹風敎猶帶凱歌吹

手種桄榔漫紀詩日中團蔭更清奇坐来愛聽
涼飈度恍惚鈞天瀉玉吹

右元韻

南園夏暉

甘棠召茇著毛詩今植桄榔翠色奇清蔭只知
還被遠春風鼓舞萬年吹
桄榔分翠趂新詩時瀉清風午夢奇聽起秋聲
杳何處晃如玉女九霄吹

感谷鄧錦

召棠已載二南詩敢謂桄榔咏已奇自是交
聲教訖國風重見粵南吹
桄榔遥植有新詩如表南關露布奇今日主
雖旅鴝和風常在樹頭吹

平池鄧祥龍

一拜階前許論詩南關移種信稀奇蕭蕭竹々

出簷宇春意滿庭風自吹

春在桄榔興在詩棠陰誰復敢爭奇民心千

周南召億載天風不斷吹

明故雲南按察司副使江公行狀

公諱一桂字伯馨徽州婺源人其先本子姓至商微子支孫曰大心封於蕭遂以蕭顯史系可攷至唐亡有宰相遺次子上將軍禎者謀興復不克遂渡江更姓江居歙黃墩爲蕭江由黃墩遷今婺源旃源者則禎長子董公始也曾祖思尹隱約不仕託志堪輿祖仲京明經慎行不苟名利爲家學先學者稱曰林泉先生父諱瀾以公貴

[illegible]天此俞氏累　封宜人公生自幼

[illegible]岸俗長語常與林泉先生

不大人思致可警賞先生
紹隱隱聲動主司名輩中遂領正德庚
午鄉薦如京師雖當未第隨所往必行己志不肯
藹藹效夸毗子遇不平事徒一致意寓數言於慨
歎人以爲是長者之爲開邑有姜氏者故詐肖賊
形迹避饒滋偶爲營官所執據案當論死公廉其
情冒鋒鏑爲力爭辨之乃得解設不解公將必以
實聞于上不但已也嘉靖己丑授福建建寧縣知
縣縣素罷怠弛法新官至縣吏書率邀集途迎苟
不禁即浸漬以弊規籠絡行其術不可伸縮手故

公堂有承准之例公出有秖候之費侵漁浚削上
下因緣交相容以自利民日不可爲生公至盡究
反其所爲尤痛自抑損刻鹽虀粥爲常以示約信
諸凡里甲公需較舊額並减十分之九而長官老
吏亦日就約束不敢自出一見潰圖彀爲八閩首
倡建人易死或有故輒自毒以誣而有司又泛泛
以人命重情行檢勘爲吏書所楚民蹐踏不能自
直公聞而惡之取其成獄尤奸惡可爲戒者數十
[illegible]辜以聞自是民始不敢逞得以不自死
[illegible]勿衣棺費禮之屢經良有

[illegible]其源不可遂盡論其不經

人[illegible]吏爲條析儀節以示秩秩然漸成禮義

之教公曰此猶俗吏事耳化民成俗其不有學乎

是明道之志而未之能行也乃與教諭陳君激衷

大爲洗刷取士之賢者能者經明行脩者資稟敦

厚可與進學者捐俸貲立書院贍田居之使爲教

主以教其次者不及者以漸進獎有差激衷南海

人也尋舊按廣嘉其清節不能謀朝夕而猶硜硜

然不肯以貨變志則當時之爲師友者其本可知

矣明年春會大水吏民蕩析無寧居而建尤甚憲

臣藩臬襲前規率行勘覆議計日未當下公先以
便宜專决發常儲平糶以賑且自爲拊循人有以
未聞爲恐者公曰待聞而後發民已無及矣吾豈
自附於古名流如汲長孺哉吾不忍也卒之所費
半而功倍於他縣當道亦深以爲然入夏復大旱
鄰縣盡赤獨公所禱處輙應雨明日復大雨三日
雨士民喜建雨我江霖二亭以紀勝事爲苴霖應
禱之歌先是公始至邑有勸農易俗諸詩每春月
[illegible]無勞使相爲歌勸至是民各自以其
[illegible]憲副陸公銓行縣聞之愧[illegible]

異途號思謳之詩眞僞工拙
推益亦異今果然矣因追藏其郵館留
題之作遂與公爲知己交忘其才貴云又明年辛
卯如例入覲考上最　賜勑歸委督黃册事册舊
弊詭虛糧爲民痼毒最甚里長率駕陵甲首以貸
取爲家雖無糧猶占據不肯舍吐公曰均田之制
不可復望惟有均籍一事庶幾可救助於萬一耳
乃痛自矢心究其弊源所在曲加釐正虛糧均之
見在之田下戶編之甲首之末即其規格可數百
年不壞爲黎民子孫利後先憲臣交相保薦癸巳

陞南京戶部江西清吏司主事乙未十二月遇例
錫應得
勑命階承德郎丁酉給由陞本部雲南司員外郎尋
陞本部四川司郎中十二月以加上
九廟徽號　誥階奉政大夫己亥四月實受郎中初
公之授戶部也先聲讋人豪賈巨駔懼無以容其
欺遂延燒濫惡草使滅迹不可致詰公奉命悉查
完如律不以官貴勢假借君子謂三月主事成
大戶部者此類是也方外差當督杭關
鳳陽兩河戎衛洛度支倉儲

為利要之雖未盡至於道然等以名自厲庶終有所持循耳倉儲舊率忽濫弗究恤凡戎卒未領應支錢米過期即停革漶漫非有力不可復得至於布花不獲領則准科差月米不獲支則折糴泒上糜費而惠不下逮公禁革之仍著為式遺不刋之惠災傷則復蠲兩河夏稅之半秋糧三之一情詞懇切卒如所請瓜期滿當代軍民籲留者倉怍填道巷餞送至不能行尚書王公軏因是可請提九庫并掌四門倉者蓋倉庫從事皆中貴而難其人公知其不可制

也乃制其所與爲羽翼者歛勢戢迹先鳌革悉如吾意所欲柄事者最之且懸查糧廳積蠹以待廳轄四十九衛中多黠猾者日惴惴焉求脱門帖數千紙須吏至堂下株連蔓引上官毋謙退自避不敢出一口非公之志識堅定孰其害要不詭遇不邀名去其太甚而宥其細故其將無患乎此公所以爲難也公在部遇大工咨取非常額格子不可處者必先詳擬而後面衆發之發必當事體無頗[illegible]淨球上之堂官尚書錢公如京必曰曾[illegible]爾不輕行也及考察註公名

得非查糧廳能謊求數十年
者乎署之上考蓋糧廳參駁時否石塘
方在刑部見而嘉之故云然則石塘公亦不可謂
不留意於人材也是年五月銓曹以莫夷逆命簡
守臣撫蒞邊民陞公爲廣西太平府知府庚子考
稱職階中憲大夫尋以成安南功超陞一級階亞
中大夫仍管太平府事初安南之征也元臣毛公
伯温至廣與予言必主撫議予曰撫之似也然而
王師之出也以黎氏之請抹也明有義也公曰黎
氏無遺孽矣與之可也予曰未可知也雖然撫而

封之不可也公曰必降之而後請議曰孰可託者
公曰太守汪君某者可使也土屬來叅之禮華也
啓關通貨之禁嚴也營崇善以附廓浚江潯以導
田均里役以平民取十八村以興化也皆遠人所
傾心也遂徵公单騎往諭公忠誠勇敢又傑梧善
辭令毅然聲罪宣
朝廷威德如加斧鉞莫登庸澌澌聽命歸侵地詣軍
門待罪惟恐不得一死卒之寸兵不試成一代奇
[illegible]之中議築城於鎮南關建昭德臺於憑
[illegible]皆偉之軍門叙功與翁公萬

及殿人每爲抱不平公則歎
怍忿撫疲民益切十二月以讞兩廣疑
獄兼攝南寧府事治南寧如治太平不敢作故事
以權署視民如傳舍過客夙夜匪懈惠澤荐臻雖
未浹歲南寧之民感之猶甚於太平之感也轉授
雲南按察司副使士人竊取甘棠之意就公所嘗
手植桄榔建祠其下以奉蒸嘗且祝之曰此公神
明所在也異日當福我士民世世於不墜意謂以
公德惠必當究志於用而天竟奪之年以是年八
月念一日病革於梧州可念也矣公天常自厚孝

友篤至處昆季族人怡怡然率恩過於義至其疾
惡不苟附隨有一爲不善則必焦然若汚諸其身
無所自容其他或以不善來者公不言第示之以
禮而其人益信以恭掌寓太平以書戒其子曰汝
父不足則平生所爲未嘗不可對人言者非溫公
乎晝之所爲夜必焚香告天不敢告者不敢爲也
非趙清獻公之言乎吾深愧此二公者吾憶去建
寧日有甯某者以蕨粉捲白金賮諸途當時雖無
攸受亦欲庶幾不愧甯某耳然何以來
忘公初長於經義啓關鑰能

至必得所欲以歸及聞甘泉
湛公倡明聖學於南都翻然從之恨
其不早惟恐踐履之未至也見有格言可爲訓者
輒私錄之彙成一帙名曰畜德錄外所著有白石
小稿留都雜稿中都行稿嶺南類稿議處安南文
移稿爲文溫麗直述所見無遊言爲詩絕去俗韻
復渾雄未見所止吏事則以儒潤飾敷陳自成一
體故隨所建明類以文學見稱爲吏苑卒之日距
生成化甲辰八月二十二日享年六十有二配汪
氏封安人累封宜人初公至太平也士屬來叅之

禮雖革而廂民吏胥侵漁之費反倍公償之議且
未安宜人追言曰何不申行併叅見盡免之使形
迹俱忘乎先公六年卒公實賢之男美中國子生
待舉娶汪氏孫男朝恩庠生有蜚聲公將以
月　日塟　山之原謹具歷官行事狀
伏請徵諸史氏述銘誌請埀編錄謹狀
嘉靖三十年十月朔前監察御史覺山洪垣撰

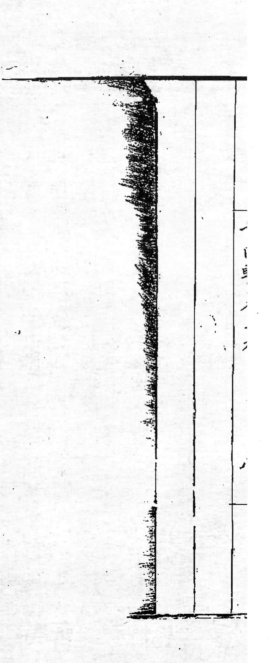

亞中大夫雲南按察司副使白石江先生墓誌銘

初

朝廷有事于安南命重臣暨大兵臨之安南裔夷也
負固且遠進則不武止則失威白石先生時守廣
西之太平為接境乃以重望推往諭降之不可則
進兵於時元戎閫臣進止惟谷維先生以撫綏先
聲發然單騎往宣
朝廷威德詞色厲而温不激而嚴莫夷始而驚終而
霜雪之權而又春陽之煦也遂欵轅門
奇勲成東塘毛公嘉之敘功

彔之國不信其品而信由之無有能為之明者已而同事者以次超用翁則大司馬矣而吾白石乃祗進一階與續溪餅山胡方伯俱無異賞新安士夫負氣節不肯于人逐利如此先生在太平凡上司使人過率多有所需不如例應也小人不得蓄怨造謗繼至督府張公以其新進有言已乃有悟未幾有雲南副憲之擢過辭始悉其故張則大悟曰九州之鐵鑄此大錯適有疾張遣醫之饋藥勤勤也既疾不可為則嘆曰朝廷失一鎖鑰隆禮遣官護其喪以行是為

嘉靖乙巳八月覽山洪侍御狀其行言按廣東時
與毛公議所托公曰非斯人吾誰與歸乃果不負
所舉云初知建寧廉勤恪慎氷蘗自礪遂能剔黠
胥剗積弊易民俗作士風賑水則先發後聞救旱
則隨禱輒應入留曹有三月主事成二百年大户
部之稱有給戎卒成式遺不刊之憲提九庫查粮
廳人人所難而爲之有術法不能撓患不能干歷
三尚書皆倚重之而太宰石塘聞公尤注意云守
高來黎之禮嚴啓關通貨之禁此乃邊
先生變之又營崇善以附郭

後以平民取十八村以興化

殁方念孰及此土流之生祀莫夷之聽

命盖有由矣狀稱先生少有大人思致長精於明

經朋來自遠而至老好學不厭有格言輙札記之

題曰蓄德錄别所著稿有數種本藏于家未行江

之先系出商微子後有封于蕭者遂氏蕭後有避

亂渡江者又氏江别於諸江署曰蕭江今居婺源

之旃源與吾居大阪相去僅三牛鳴地世有姻好

先生諱一桂字伯馨成化甲辰八月生年僅六十

二曾大父思尹大父仲京爲家學先懸旨翁林泉

先生父諱瀾贈戶部郎中奉政大夫母俞氏休寧
俞子薦大尹女兄封宜人配汪氏予近族封宜人
先六年卒初妁婚適有富人子亦來妁婚家人方
惑之宜人私於母氏曰儒家子惡問其豐嗇議遂
以定後輔佐君子以學以仕識出巾幗上子美中
國學生取予姪女孫朝陽舉今乙卯娶予孫女二
生父子俱力學嗣業有昌大之勢白石先而未遠
施而未竟食報其在是乎白石嘗謂其子曰吾去
[illegible]月窮甚者以蕨粉來贐中有藏金焉吾雖
于以來此戚戚至今猶赧赧然

上新欽闕暨守太千終閩鎮南
當道之愆累歲不遷裨益餉兵百萬一
文不茍追惟往事澳泿依阿以就功名又平生所
深聡也凡若此類則斯人之操脩也何如哉此予
所聞而狀亦具載之美中以　年　月
日葬先生於　山之原来謁銘銘曰
豐勲未酬　宏才未究　守静已化
履正弗壽　有子有孫　以學世家
将食其報　以為國華
嘉靖三十四年孟冬

方塘翁來劄

拙文自謂頗足以揚　尊甫先生之大特辭猥耳

目久逋也幸不我咎芦荷

啓復方塘翁

先人無所肖似第其制行制心須刻不敢自苟焉

者自謂頗足以質信史于百世今得太史公名筆

顯微闡幽用寄國是則所自見者吾心而表章者

又有文矣忠信能行於蠻貊而不能必行若皇甫

筆之忌于當路能使左江之民隨在致

能使其身一日之勞食報于

臣先人之不幸也歿世焉而有

[illegible]肅王公大人如先生者纂修記室之上猶

足以知之又不可謂不幸也但不知何緣何分而

得此繫之心板與文同刻不足言多使旋姑此衹

復餘容卜日踵門叩謝不宣

明峰先生来書

承以令先尊老先生遺行總業俾家尊作銘茲謹

撰述録上但宏才豐績恐未能揄揚而家尊雖在

史館今蒙 賜閒之久神力于老年或有踈脫幸

覽訂再補漏何如

手柬復明峰與乃翁商確而成故荅之

昔人有言遷史成于父子固史歷父子三人而始集非作者有遺而家與之相承相成者自如此先大夫何人也其碑陰文乃仰歷太史公家後先為之考訂信心炳目卒然不刊豈亦司馬父子不假借于屡勝之去病而獨惓惓于老死不侯之李廣乎第不知存殁何以得此耳一日樹之墓道殆與製命同於推戴矣銘刻何言

脩攘圖册序

天下之理其溫然而不忍傷者仁也其毅然而不可辱者勇也一於仁則將與天下相安於煦育之區而不知有勇一於勇則將剸制權陷天地為之震汩而不知有仁惟其出之有本施之有時兼體而不累則深於其道者也白石江公以正德庚午進士銓知建寧為政尚悃愊先教化威惠並行大得民和召拜戶部剗釐害蔓差監鳳陽度支革錢

沂派積獘疏蠲災眚迄滿軍民攀留

公自郎署方逮給由陞知

戶推也維時少保東塘毛公
集行言滇粵兵數十萬嘽嘽啍啍分哨而入
公謂遠夷羈縻宜先之文告安南稔公德求識公
面懷疑逗遛前茲八年之調集戔皆尾解元戎群
公羽檄交徵遣拜公節出關屬分實以公為孤注
也酋長莫登庸乃起聽命奉　朔歸侵補方稱藩
向之桀抗而一朝唯唯泥首面縛詣軍門降驛聞
制詔貰其罪改授都統使給印奉貢寸兵不試而南
荒底定公以身約束兼四年而機鈐撫綏屹與受
降俱築華夷賴之賜陞止于一級賞不酬勳逾時

循資始有雲南按察司副使曲靖等處兵備之命遷卒論者惜之白石公之子太學生原泉君孫鄉進士儀卿君取建寧鳳陽太平舊所嘗為圖繪為一册凡士民之攀留戎衛之讋服轅門之委任土夷之信順一一為之臚列為之標目一展卷而以政得民以威服衆以望獲上以畧震遠諸所籍甚罔不畢具如行溱洧之郊而聽輿人之頌也如過河南之墟而談長孺之故也如坐烏蠻之庭而孜[illegible]讀[illegible]商歟盛哉夫其發儲平糴勸農化俗[illegible]其溫然不忍傷者乎夫其

[illegible]辭寢兵免冑突壘非其毅
[illegible]乎淵乎其中蔚乎其外觸之而頽乎
其順䟽之而浩乎其性於仁於勇兼体而不累所
以成一世之雋功而儼千載之芳祠也昔吾夫子
宰中都位司寇攝相事却萊夷若温然而有不可
辱也若毅然而有不忍傷也性之者也白石公誦
法孔子而又天資自然諸所建置犂然可觀其淵
源可知矣夫祖父有善美而子孫弗為傳之是不
孝也傳之而不以當時之迹是不校也徒以其迹
而不得其至仁大勇交相為用之心是不明也白

石公以仁且勇討安生人而原泉君像卿君復以
孝且梜且明之道事其先人一圖而五善萃焉可
以公之天下後世也已
嘉靖丙寅冬十一月之吉
賜同進士出身前江西南安府推官同郡晩生凌琯
頓首拜書

中憲白石江公述

江子原泉手厥考中憲公狀泣余而言曰吾思吾父而弗獲爰彙其行實以須文於士君子覩文則没猶存也吾哀吾父之志弗究而遄以即世得拜一言之重於士君子俾没克終闡則邇可遠也肆敢乞言以雪哀思曰子之乞余言也將恃以慰所思求厥譽邪然天下皆知公之賢也嘗聞公自爲令爲郡以暨於爲郡務肅百城猷騰兩都仁恩覃丶千[illegible][illegible]譽轡於一時於此猶未足以槩也安南

官酬劇理牘扶大難之端
□勢之止協謀集事公之功居多也抑以单騎出
見履虎如豢蠡曾不攖念諭德宣威辭意鄭重而莫
即傾心乞降不假刃接樹建奇勳自非公之誠孚
昔感今曷克臻此昔孔子賛子路治蒲曰恭敬曰
忠信教子張問行曰忠信篤敬蠻貊可行夫敬信
誠也誠則金石可格豚魚交孚而況於人乎而況
於蠻貊乎公之政教敷於邑於郡於京師於邊夷
者誠與才合也乃今拜憲副命遽爾騎箕而弗克
究子之哀思誠弗可解矣昔龐公徐孺子一匹夫

耳百世之下見其山川廬墓欷歔瞻恋若失友昆非有大不得已必祠吊而後去是孰使之然邪夫固其履行之招也今天下皆知公之賢也天下後世當必有聞而欷歔之者又奚待余言雖然舜爲親焉重華禹爲親焉祗承孔子爲親焉學周公孟子爲親焉學孔子三聖一賢其爲親也求諸内而已矣子能求諸内則用親之譽未有弗永者也原泉子再拜曰美中雖不敏敢不佩服所教以致哀思余亦以公之言而表異之并善原泉子知求者爲次其所相答語者述書之

嘉靖戊申冬十月知婺源縣事古瀛受菴劉[illegible]

頓首拜書

憲使白石江公傳

公姓江氏諱一桂字作馨別號白石世為徽之婺源人云公少負敏才正德庚午歲領南畿鄉薦數上春官不第乃投策起曰丈夫窮經致用即不得一第顧獨無可行吾志哉竟以嘉靖己丑謁選授福建建寧縣知縣縣故多胥吏深文舞法鄉里之豪率又負貲無弱侵賦隱徭最號難治公下車乃專訪風謠亟搜民瘼謹征科之令絕請託之私申指之制諸所擘畫若矛矢之發硎論其大者歲之春大水民

〻夏又大旱邑人皇皇公
為父老子弟禱乃禱雨輒應父老
〻弟相顧灑然喜曰即歲有秋非公誰賜哉癸巳
天子用薦者言擢公為南京戶部主事尋陞郎中凡
在部所為禁革而裁定者皆毅乎不可假借事關
會議大者持之更急其時大司徒如王公軏錢公
如京皆倚重之而太宰聞公淵亦署之上等一時
留都蓋赫然有聲云會安南莫夷梗
命銓司求良牧以撫恤遐陬乃議公行且曰今日為
地擇人而已而暇為人擇官哉廣西即遠非公不

可乃竟陞公為廣西太平府知府公至以廉平章
顯即猺蛋夷獠亦同閭左順治是時
朝廷有事于安南士馬彭彭遝遝驛繹民惴惴焉日
阽諸危亡是恐也元臣毛公伯溫特徵公往諭公
單車入境宣
上威德莫夷方裂眦搖吻及聞命乃靡靡祇受猶順
風呼皷而嚮應也不亦偉歟烈乎未幾陞雲南按
察司副使不及履任而公且病革矣士交萌庶無
易之按御史洪公垣狀稱公生平
吏事則以儒潤飾故隨

[illegible]文與政在孔門亦不可
[illegible]文苑別立傳其所書文人有治
行唯謝宣城孔北海尤著脫使公在百代上當與
二公等埒是尤可傳也余因為傳以表之他見于
銘志者不表
論曰余讀古禮士臨民有德沒而民懷之乃祀其
神俾依焉封南國之棠泣峴山之碑何故哉則其
政之感人心深也公去建寧三十餘年彼父老子
弟邈乎聲容之不相及也乃油油然思而祠之以
今睹于人心即古今奚殊焉抑余又竊謂公故書

生也乃能以片言奪裔夷之魄卒袭奇勳彼詩書者禰晋之師興禮樂者陋漢之業公盖其人乎是惡可泯泯也哉

隆慶改元丁卯歲中秋月之吉

賜進士第南京吏科給事中楚應城張崇倫頓首撰